20歳の自分に教えたい
日本国憲法の教室

齋藤 孝

SB新書
608

はじめに

みなさんは、「憲法」と聞いて、まずどんなことをイメージしますか？

「大切なのはわかっているけれど、結局のところ何だか難しそう」

「昔、学校の授業で習ったけれど、ほとんど忘れてしまった」

「第九条や天皇制に関するニュースを見聞きはするけれど、ちゃんと考えたことはない」

こんなふうに、重要だけれど、自分の生活からは遠い存在だと感じる人が多いかもしれません。


ですが実際には、憲法は日々、生活にかなり近い場所に存在しています。

たとえば、故安倍晋三元内閣総理大臣の銃撃事件を契機として、問題意識が高まった政教分離の問題。

ＳＮＳで結びつく人々の間で起こる、個人情報に関する問題。

これらのすべてに「憲法」はかかわっているのです。

政治や宗教、戦争、人間関係。もっと言えば、人が生まれてから成長し、学校に通い、就職して家庭を持ち、社会で働き、年金を受け取り、一生を終えるまで……「憲法」は、あなたの人生のどの場面にも登場してきます。

「憲法」は「人権」――つまり、あなたの権利を常に守るものだからです。

「憲法」を知ることは、あなたがどんな権利を保障されているのかを知ることでもあるのです。

一方で「憲法」は、日本がこの先どのような道を歩むかにも、かかわっています。天皇制をどう維持していくか、他の国で争いが起こったときどう行動するか。国として、このような大事な決定をする際の指針となるのも、「憲法」の大切な役割の一つです。

私が知る限り、現代の日本は、歴史上最も豊かで、最も技術が発達し、最も自由に生きることができる社会です。しかし同時に、「未来」が見えない社会でもあります。

「憲法」は、そんな不安な社会を照らしてくれる「灯り」のような存在です。

「憲法」には、人々が社会をよりよく生きるために工夫し、知恵を絞ってきた長い歴史が刻まれています。いわば、「先人の教え」がギッシリと詰まった「賢者の書」です。

憲法がわかれば、今の社会がわかり、日本がわかり、そして世界がわかるでしょう。

つまり、あなたの生きる方向性を示す「羅針盤」の役目を果たしてくれるのです。

だからこそ、憲法についてよく知らないまま人生を送ることは、非常にもったいないと私は感じるのです。この本を手にしたみなさんは、非常によい学び直しの機会を手にしたと言えます。


本書では、憲法を章ごとに区切り、私なりにかみ砕いた解説を試みました。また、各章の冒頭には、憲法の原文と、それをやさしい日本語に書き下した現代語訳をセットで収録しているので、楽しみながら憲法について学ぶことができるはずです。

さあ、授業を始めましょう。

本書が、みなさんの知的好奇心を刺激し、憲法やご自身の生き方を見つめ直すヒントになれば、心から嬉しく思います。

目次

0時間目
憲法とは一体何か

◆憲法の出発点はイギリスにある

日本国憲法について学び始める前に、まずは「憲法とはそもそも何か」を理解しておきましょう。

憲法とは、簡単に言えば「国のあり方を定め、それを動かしていくための根本のルール」です。

世界で最初の憲法は、一二一五年につくられました。イギリスのジョン王による、独断的な政治に反抗する貴族たちが、不当な逮捕や拘禁《こうきん》、課税などを制限するために、王に文書への署名を求めたのです。この文書を、「マグナ・カルタ（大憲章。以下、マグナ・カルタと表記）」と言います。マグナ・カルタは、王の権利（権力）を取り決めによって拘束した初めての文書で、イギリス憲法の出発点ともなりました。

このように、憲法によって公権力を制限し、人権を守ろうとする原理を「立憲主義」と言います。一人ひとりの人権を守るためのルールを憲法で定めて、それを国家に守らせるという考え方です。

憲法によって公権力を制限するというイギリスの方法は、その後、フランスやアメリカな

▼法律にも様々な種類が存在する

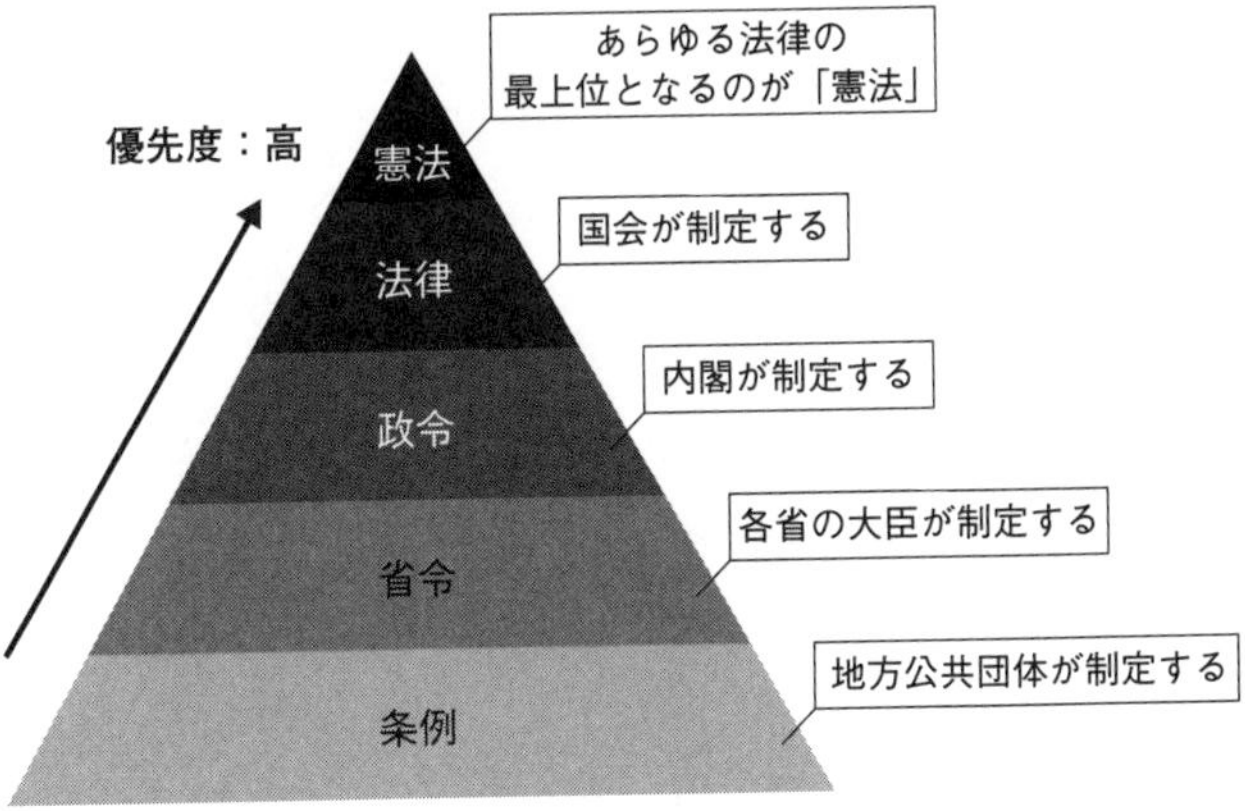

どへ広がっていきました。立憲主義は、憲法において最も大事なもので、その根本をなす概念でもあります。建物で言えば、基礎――つまり、グランドデザインに当てはまるでしょう。

◆憲法と法律はどこが違う？

国を動かしていくための「決まり（法）」には、憲法の他にも「法律」や「条例」など、様々なものが存在します。

よく耳にする「法律」。これは国会でつくられ、その法が扱う分野ごとに「民法」「刑法」「個人情報保護法」「会社法」「消費者契約法」などと分かれています。

みなさんも、学校の授業や日々のニュースで、このうちのいくつかは見聞きしたことがあるのではないでしょうか。

また、命令として内閣が定める「政令」、国務大臣が定める「省令」、地方公共団体（地方自治体）が定める「条例」などもあります。その他、外国と結ぶ「条約」も法の仲間です。

個々の例としては、会社法施行令（政令）、会社法施行規則（省令）、東京都都税条例（条例）、外国関係に関するウィーン条約（条約）などが挙げられます。本当に多種多様ですよね。

これらはたしかに、どれも同じ「決まり（法）」ですが、そのレベル（格）は同じではなく、順位があります。

そして、**憲法はこれらの最上位に位置するもので、最高法規**と呼ばれます。

したがって、憲法の下にあるすべての法律において、仮に「憲法で言及されている事項と合わない内容がある」と裁判所に判断された場合、それらはすべて無効になってしまうのです。

それほど憲法は、強い力を持った法典なのです。

◆とても貴重でかけがえのない存在「憲法」

憲法と他の法律が決定的に違うところが、もう一つあります。

民法や条例など、憲法以外の法律の類では、国民に生じる権利・義務を定めるものも存在します。つまり、権力者（本書では、国家権力を行使する者の意）以外の国民を対象にしたものが主です。

例として、民法の一部を見てみましょう。

民法

（賃貸人による修繕等）

第六百六条　賃貸人は、賃貸物の使用及び収益に必要な修繕をする義務を負う。ただし、賃借人の責めに帰すべき事由によってその修繕が必要となったときは、この限りでない。

2　賃貸人が賃貸物の保存に必要な行為をしようとするときは、賃借人は、これを拒むことができない。

一方憲法は、権力者が行ってよいことと悪いことを定めています。

日本国憲法
第九条（一部）
2　前項の目的を達するため、陸海空軍その他の戦力は、これを保持しない。国の交戦権は、これを認めない。

つまり、**憲法は権力を有する者の行動に制限をかけている**のです。そのため、権力者が憲法の定めから外れた行為をした場合には、その行為は効力を発揮しません。

第九十八条（一部）　この憲法は、国の最高法規であつて、その条規に反する法律、命令、詔勅及び国務に関するその他の行為の全部又は一部は、その効力を有しない。

これによって、権力者が自分に都合のよいことばかりを好き勝手に行い、国民の基本的人権を侵害するリスクを未然に防ごうとしているわけです。

国家権力は、その権力を行使する者によって濫用されがちです。どんなにうまくいっている国でも、それを防ぐことは簡単ではありません。

憲法の目的は「国民の基本的人権や自由を守ること」です。そのため、「国民のために国家権力をコントロールする」という、とても難しい、そして重大な仕事をしています。

私たちが普段生活している中では、憲法という存在の重要性やありがたみを、頻繁に実感することは少ないかもしれません。ただ、「当たり前の状態が守られている」ことは、当然のことのようでありながらも、実はとても貴重でかけがえのないものなのです。

◆もしも、憲法がなかったら……世界は荒れ果てる？

憲法は、他の法律の最上位にありながらも、同時にそれらを土台から支える役目も果たしています。

もしも憲法がなかったら、様々な法律の法的な根拠が失われてしまいます。その結果、社会はまるで床と天井が崩れ落ちた廃墟のようになってしまうでしょう。

憲法は国民の基本的人権や自由を守るためのものです。その守りが失われた社会は、弱肉強食の非常に危険な状態におちいります。つまり、強い者が弱い者を食い散らかす状態になるのです。

無法地帯、と聞いて、戦争であらゆる破壊行為、略奪や虐殺を受けた国のことをイメージする方もいるでしょう。建物は実際には破壊されなくても、私たちの暮らし、日常、そして心は破壊されてしまいます。

戦争や未知のウイルスによる感染症、大規模な自然災害などが起こったとき、人権が守られていないと、強い者だけが生き残り、弱い者が切り捨てられていくことになってしまう。それを何とかできないだろうかと人々が考え、少しずつ積み重ねてきたものが憲法です。

憲法は、人々がその時代を生きる中で、次の世代はもっとよくなるようにとバトンタッチしながらつくり上げてきた、貴重な歴史的財産なのです。

コラム①　ポツダム宣言と日本国憲法のつながり

一九四五年八月十四日、日本がポツダム宣言を受諾したことによって、強制的にそれまでの日本国としてのあり方がすべて否定され、新しい日本をつくることが決まりました。まず日本は、完全に武装解除されました。軍隊は解散し、軍人たちはそれぞれ自分の家庭に戻り、普通の暮らしをすることになりました。

国家は、国防のために軍隊を保有するのが普通です。しかし、日本は軍隊が完全に解除されたため、軍を持つことができません。その代わり、警察組織の一部に、今の自衛隊のもとになる「警察予備隊」を置くという裏技を使いました。私たちは、ここですでに「普通ではない国」としてスタートせざるを得なかったのです。

このゆがみは現在に至るまで、憲法第九条の改正問題という形で私たちに影響を与え続けています。

また、ポツダム宣言の受諾により、日本はＧＨＱ（連合国軍最高司令官総司令部。以下、ＧＨＱと表記）の統治を受けることになりました。その統治期間中、極東国際軍事裁判（東京裁判）によって戦争犯罪者とされた人々が処罰されたことは、みなさんも授業で習ったでしょうか。こうした結果、言論、宗教、思想の自由と基本的人権の尊重が確立されることになりました。連合国は、日本が戦争に突入したのはこれらの自由がなく、基本的人権を守る思想がなかったからだと見立てたのです。

さらに、ポツダム宣言は、「日本国民は、軍国主義者たちにだまされてこのような過ちを犯すことになってしまった。悪いのは国民ではなく、国の指導者であり、彼らが国民を誤った方向に導いたのだ」と結論づけました。

しかし、すべての国民がだまされていたわけではないと、私は見ています。日清、日露と度重なる戦争への勝利に、胸がすく思いをしていた国民も少なからずいたでしょう。

ただし、それが結果的に軍部の暴走を招き、言いたいことも言えないような国の空気をつくり上げてしまいました。

「どうしてこんなことになってしまったんだろう」――そんな思いをしている国民にとって、ポツダム宣言の主張には自然に受け入れられる部分もあったと思います。

連合国は、ポツダム宣言中で日本の指導者が無責任な軍国主義者だと指摘しています。

しかし、連合国がポツダム宣言の内容を練っている一九四五年八月八日、ソビエト連邦は突然日本に宣戦布告。当時、日本人が住んでいた満洲国、南樺太、千島列島へ侵攻して北方領土を奪いました。

また、戦争の勝敗が実質的にほぼ決まっていたとも言える同年八月六日、アメリカは広島に原子爆弾を投下。続く八月九日には、長崎にも投下しました。

戦争をやめよ、人権を尊重せよ、と降伏を求める文章を書きながら、いっぽうでその相手に人類史上最も残酷なことを行う矛盾。

これが戦争の恐ろしさの本質です。

国民主権や基本的人権を重んじるポツダム宣言の方向性は、日本国憲法にそのまま受け継がれました。ただ、連合国のアメリカ、イギリス、ソ連は、一九四五年二月のヤルタ会談で、戦後の日本をどうコントロールしていくかも話し合っていました。そこは少し意識しておいたほうがよいでしょう。

1時間目
日本国憲法はどうやって生まれたのか

◆「憲法」には「国の基礎を決める」意味合いがある

最初に、憲法という言葉の意味合いについてお話ししましょう。

「憲法」という言葉に使われている二つの漢字、「憲」と「法」には、どちらにも「決まり」という意味があります。憲法は、それを組み合わせた熟語です。

明治維新の後、近代国家の設立を急ぐ日本は、それにふさわしい近代的な憲法の制定を目指しました。

大日本帝国憲法（明治憲法とも言う。以下、大日本帝国憲法と表記）は、ヨーロッパのプロイセン（現在のドイツ）憲法にならってつくられました。そのため、憲法も新しい概念の言葉だと思われそうですが、実は結構古いものなのです。

そう言われると、聖徳太子が六〇四年に制定した「十七条憲法」あたりを思い浮かべる人もいるかもしれません。他に、平安時代の七一八年に書かれた律令（古代国家の法律）の解説書である『令義解《りょうのぎげ》』にも、「憲法」という言葉は登場しています。

十七条憲法は役人の心得を示したものですから、「憲法」という言葉の意味合いとしては、「決まり」と「心構え」の二つの意味を含んでいることになりますよね。

では、現代の「憲法」はどうなのかというと、英語のconstitution（コンスティテューション）の訳語として与えられた、**国家の統治体制の基礎を定める「根本法」という意味**の言葉です。それを翻訳して「憲法」としたのが、箕作麟祥《みつくりりんしょう》という法学者でした。彼は、「権利」や「義務」という訳語を初めて用いた人物でもあります。

「法律」だと他の法律と区別がつかないし、もう少し品格のある言葉にしたい。根本法でもよかったのだけれど、文字数の収まりがいま一つ。統治法もピンとこない。

そんなわけで、二語の「憲法」を当てたのかもしれません。

◆今の憲法の前身、大日本帝国憲法とは？

▼大勢の人を巻き込んだ制定までの道のり

大日本帝国憲法制定の中心となったのは、日本の初代内閣総理大臣の伊藤博文《いとうひろぶみ》でした。

伊藤は、欧米諸国がどんな憲法を定めているかを調査するため、一八八二年にヨーロッパに留学し、君主権の強いプロイセンの憲法を学びました。

翌一八八三年に帰国後、井上馨《いのうえかおる》や金子堅太郎らとともに、政府顧問でドイツ人の法学者・経済学者だったヘルマン・ロエスレルの助けも借りて、憲法の草案を作成しました。

一方、民間でも憲法作成への機運が高まり、様々な草案が作成されました。植木枝盛《うえきえもり》による『東洋大日本国国憲按《とうようだいにほんこくこっけんあん》』や、有志による『五日市憲法《いつかいちけんぽう》』などです。これらは私擬憲法《しぎけんぽう》と呼ばれました。

しかし、政府は憲法草案を国民にはかることは一切しませんでした。伊藤による憲法草案は、一八八八年に枢密院（天皇の最高諮問機関）で審議された後、大日本帝国憲法として、翌一八八九年二月十一日に公布されました。

この憲法は、君主である天皇が国民に授ける「欽定憲法《きんていけんぽう》」という形を採っていました。また、皇位継承などにかかわることは、憲法とは別に「皇室典範《こうしつてんぱん》」で定められ、議会は関与できないものとされました。

▼「欽定憲法」では天皇の力が強大だった

大日本帝国憲法では、主権は天皇にあり、天皇は神聖で侵《おか》すことのできない存在であるとされました。

第一条　大日本帝国ハ万世一系《ばんせいいっけい》ノ天皇之《これ》ヲ統治ス
第三条　天皇ハ神聖ニシテ侵スヘカラス

また、天皇は国家元首として、統治権を一手に掌握すると定められました。統治権とは文字通り、国をまとめ治める権限のことです。

天皇は、陸海空軍をすべて指揮監督する最高の権限である「統帥権《とうすいけん》」を持っていました。また、政府の中の組織づくり、人事採用、外国との条約締結、外国との戦争を宣言したり、仲直りをしたりする権限もありました。

さらに、議会に案を通して承認されなくても、国民に緊急の命令や戒厳令《かいげんれい》（非常時に国の権限の一部を軍部に委《ゆだ》ねる命令）を出すこともできたのです。

第四条　天皇ハ国ノ元首ニシテ統治権ヲ総攬《そうらん》シ此ノ憲法ノ条規ニ依《よ》リ之ヲ行フ
第十一条　天皇ハ陸海軍ヲ統帥ス

このように、君主である天皇には非常に幅広い範囲の権力（天皇大権）が集中していたのですね。

ではその傍らで、国民はどんな立場に置かれたのでしょうか。

第十八条　日本臣民《しんみん》タルノ要件ハ法律ノ定ムル所ニ依ル

まず国民は、天皇の「臣民」とされました。「国民」や「人民」「市民」などは何となくイメージできますが、「臣民」は、聞き慣れない言葉ですよね。

これには、「支配者に仕える者」とか、「上の者から恩恵を授かる配下の者」、などという意味合いがあります。「家臣」「忠臣」など、臣を使った他の言葉を見ても、天皇と国民とが対等な位置関係であるとは言えなそうです。

この点からも、大日本帝国憲法では、天皇の地位が非常に高いものとされていたことがわかります。

それでは次に、国民の権利について見てみましょう。

臣民の権利は、法律の範囲内という制限つきで認められていました。たとえば、居住移転の自由（第二十二条）、裁判を受ける権利（第二十四条）、信教の自由（第二十八条）、表現の自由・集会結社の自由（第二十九条）などです。

参政権についても同様です。一八九〇年の第一回衆議院議員総選挙では、直接国税（地租と所得税）を十五円以上納めた男性（全人口の一・一％）だけに選挙権が付与されました。

このような、法律で認めた者にしか選挙権を与えないという仕組みを制限選挙と言い、これは終戦まで続きました。今の時代には想像もできない制約かもしれません。

また、国民には兵役の義務があり、次のように言及されていました。

第二十条　日本臣民ハ法律ノ定ムル所ニ従ヒ兵役ノ義務ヲ有ス

これらの条文から、**大日本帝国憲法は、強力な君主のもとで国民が国の発展に尽くし、欧米に引けを取らない、近代的な国家をつくり上げるための憲法であった**ことが読み取れるでしょう。

◆なぜ、大日本帝国憲法は改正されたのか？

▼すべてはポツダム宣言から始まる

一九四五年八月十四日、日本はポツダム宣言を受け入れ、翌十五日に終戦を迎えました。

ポツダム宣言と聞くと、日本に一刻も早く降伏を求める「最後通牒《さいごつうちょう》」のようなイメージを抱くかもしれませんが、これは、日本に対して「民主主義的傾向の復活強化」「基本的人権の尊重の確立」「平和的傾向を有する責任ある政府の樹立」などを求めたものでした。

ポツダム宣言の第十条、第十二条を平易に言い換えると、次のようになります。

第十条（一部）　日本国政府は、**日本国国民の間に於ける民主主義的傾向の復活強化**（民主主義を復活させ、それを一層強化していくこと）に対する一切の障礙《しょうがい》を除去すべし。言論、宗教及思想の自由並に**基本的人権の尊重**は確立せらるべし（基本的人権の尊重を確かなものにすべきである）。

第十二条　前記諸目的が達成せられ、且《かつ》日本国国民の自由に表明せる意思に従ひ**平**

和的傾向を有し、且責任ある政府（平和を目指し、なおかつそのことに責任を持って取り組む政府）が樹立せらるるに於ては聯合国《れんごう》の占領軍は直《ただち》に日本国より撤収せらるべし。

ここで、気がつく人がいるかもしれません。

この三つは、「国民主権」「基本的人権の尊重」「平和主義」という、日本国憲法の三大原則にそのままつながることを言っています。つまりポツダム宣言は、日本が実質的に天皇主権から国民主権に変わることを求めたものでした。

これらを日本が受け入れるには、必然的に大日本帝国憲法を根本的に改革することになります。

政府は同年十月、国務大臣の松本烝治《まつもとじょうじ》を委員長とする憲法問題調査委員会を設置。憲法改正のための調査活動をスタートさせました。

▼マッカーサーが政府草案を拒否した理由

一九四六年、政府の憲法改正要綱（委員長の名を取って「松本案」とも呼ばれる。以下、憲法改正要綱と表記）がGHQに提出されました。しかしその内容は、天皇が統治権を有するという、大日本帝国憲法とほとんど変わらないものでした。

その他の条文も、大日本帝国憲法の内容のまま、たくさんの条文が修正されずに残っていました。

当時、GHQ最高司令官だったダグラス・マッカーサーは、これを拒否しました。

政府による改正草案作成と同時進行で、民間有識者の間でも、草案に関する議論・作成が進められていました。民間草案は、一九四五年の年末から翌年の春にかけて次々と公表されました。中でも憲法研究会の発表した「憲法草案要綱」は、天皇の権限を国家的儀礼のみに限定し、国民主権や生存権規定など、日本国憲法の基本原則を先取りするものでした。

一九四六年二月、GHQは憲法改正の必須要件として、**「天皇は国の元首（The Head of the State）」「戦争の放棄」「封建制度の廃止」という三原則**をもとにした、マッカーサー草案を日本に提示。この草案は、「憲法草案要綱」の影響を受けたものでした。

政府は、この草案に沿う形で憲法改正の方針を決め、同月二十七日に政府案の作成に取りかかりました。政府は、三月二日に試案を完成させ、四日の午前、GHQのスタッフとの間で徹夜の協議に入り、五日の午後にすべての作業を終了。政府は翌六日にこれを「憲法改正草案要綱」として発表し、マッカーサーはこれを支持する声明を出しました。

憲法改正草案は、ここから衆議院、貴族院、枢密院の審議を経て可決。十一月三日に「日本国憲法」が公布され、翌一九四七年五月三日から施行されました。こうして、国民が自ら制定した全く新しい「民定憲法」が誕生したのです。

▼憲法改正は新しい国になるために不可欠だった

大日本帝国憲法と日本国憲法とで一番大きく変わった点は、天皇主権から国民主権への変化です。これにより、国を動かす権力の持ち主が天皇から国民に移りました。

また、日本国憲法では、大日本帝国憲法では記述の少なかった「基本的人権」——たとえば、「法の下の平等」や「幸福追求権」などの記述が書き加えられていることも押さえておきたいポイントです。

さらに、日本国憲法が「平和憲法」と言われるゆえんの、「第九条」の存在も見逃せないでしょう。先ほども触れた、「国民主権」「基本的人権の尊重」「平和主義」。この三点は非常に大きく変わったところです。

▼大日本帝国憲法（明治憲法）と日本国憲法の違い

大日本帝国憲法	名称	日本国憲法
皇室典範とともに最高法規、**欽定憲法**	憲法の特質	最高法規、**民定憲法**
天皇主権	主権	**国民主権**
神聖不可侵・国家元首・統治権を総攬	天皇	**象徴**として国事行為のみを行う
天皇が陸海空軍の統帥権をもつ 国民(臣民)は兵役の義務を負う	戦争・軍隊	**平和主義**（戦争の放棄・ 戦力の不保持・交戦権の否認）
法律の認める範囲内の**臣民の権利**	国民の権利	永久不可侵の**基本的人権**
天皇の協賛機関 衆議院と貴族院の二院制・両院平等	国会	国の最高機関、唯一の立法機関 衆議院と参議院の二院制・衆議院の優越
条文に規定なし 国務大臣が天皇を補佐	内閣	行政権の主体 国会に対して連帯責任を負う
天皇の名による裁判	裁判所	司法権の独立を保障
規定なし	地方自治	地方自治の本旨を尊重
天皇が発議し帝国議会が議決	憲法改正	国会が発議し国民投票を行う

日本国憲法は、手続き上は、大日本帝国憲法が改正されて成立しました。ただ、憲法の骨格をなす三本の柱が変わったため、改正というよりも全く新しい憲法をつくった、というほうが内容的にはしっくりきます。二つの憲法には、それくらいの大きな違いがあります。

その違いをつくった背景とは、日本がポツダム宣言を受け入れたことです。

日本は初め、ポツダム宣言を黙殺していました。しかし、広島・長崎への二度にわたる原爆投下やソ連の参戦を経て、日本はポツダム宣言を受け入れました。そして無条件降伏し、連合国の占領下に置かれました。

政府は受諾にあたり、天皇の地位に変更を加えないことを求めました。しかしポツダム宣言には、「日本が安易に戦争をしない、基本的人権を尊重する国にする」という内容が書かれています。敗戦によってそれを受け入れたからには、守るしかない。日本は敗戦国として、連合国側の言うことを聞かなければならない立場となったのです。

大日本帝国憲法のままではポツダム宣言で約束したことが実現できないので、大きく変えざるを得なかったということです。

それほどまでに大きく変わった日本国憲法ですが、条文の並び順は大日本帝国憲法を踏襲しています。それがよくわかるのが、「天皇」の条文です。日本国憲法では国民に主権が移ったはずなのに、天皇が先にきています。

> 第一条　天皇は、日本国の象徴《しょうちょう》であり日本国民統合の象徴であつて、この地位は、主権の存する日本国民の総意に基く。

こうなっているのは、新憲法制定までにあまりにも時間がなかったことが背景にあるでしょう。

また、大日本帝国憲法の改正という体裁を保持したために、すべてを組み変えるのが難しかったという事情もありました。

本来であれば、国民主権を先に置いて、次に基本的人権、最後に日本国の象徴である天皇を持ってきたほうがスムーズな流れだと感じられるはずです。

とはいっても、第二章に戦争の放棄があり、第三章に一番の柱である基本的人権（国民の権利及び義務）がきて、立法、行政、司法と重要度に沿った項目が続き、最後を最高法規で締めていますから、憲法全体の流れとしては問題ないと言えるでしょう。

◆日本国憲法をめぐって行われた議論

▼日本に対する連合国の思惑とは

アメリカ、イギリス、中国などの連合国は、日本がこのような戦争をしたことを快く思っておらず、この先日本をどのようにして封じ込めるかを考えていました。

軍事的な面だけでなく、今後の世界のためには、日本を民主主義国家にしたほうがよいという考えもあったでしょう。大日本帝国憲法下の国民は臣民、つまり「天皇のためにいる民」という位置づけでしたから。

今振り返ると、連合国、特にアメリカが主導権を握って日本の憲法を改革したことは、私たち日本人の民主主義的な感覚や権利意識を育てるのに、大変役立ったのではないでしょうか。

▼憲法改正に対するマッカーサーの考え

日本政府の憲法改正要綱について、そのあまりの修正の少なさに驚いたマッカーサーは、事態を解決するため、英文の草案（マッカーサー草案）を日本側に示しました。

しかし、それがそのまま翻訳されて日本国憲法になったわけではないのです。

先ほども触れましたが、民間の憲法研究会の発表した「憲法草案要綱」の内容には、GHQも強い関心を寄せていました。そしてマッカーサー草案は、その要綱を参考にしたのです。

マッカーサーは当初、「日本には今後、自衛のための手段としての戦争も放棄させよう」と考えており、その条文を憲法に加えようとしていました。けれども、日本がこの先主権を回復した後、自衛のための戦力を持たなかったとしたらどうでしょう。たちまち他国に好き放題にやられてしまいますよね。

　世界のどこを見ても、自国を適切に守る権利を否定する憲法を定めた国は、存在しません。たとえばスイスは永世中立国ですが、自分の国を守るために武力を使うことまでは否定されていません。またスイスは、国民全員で国防を担うこと（国民皆兵《こくみんかいへい》）を国の基本方針としています。他国のもめごとにかかわらないとはいえ、決して丸腰の国ではないのです。

　国民が自分の国を守ることは当たり前のこと。戦争に負けたからといって、自分の国を守ることすら二度と許さないとは、現実離れしている印象を抱くかもしれません。

　戦後、ＧＨＱの民政局で日本の民主化政策に携わったチャールズ・ケーディス陸軍大佐は、マッカーサーの案は現実的ではないと判断し、その部分を削除したと言われています。日本が独立を回復した後のことを考えた場合、これはとても大きいことだったと私は思います。

◆日本国憲法は「押しつけ憲法」？

　日本国憲法は、たしかにＧＨＱ草案をもとに作成されたものですが、成立の過程においては、そのまますべてを受け入れたわけではありません。憲法研究会の意見を加えたり、第九条にアレンジが加えられたりしました。

また、**強硬な勢力が議会を無視して成立させたものでもなく、きちんと国会を通し、大多数の賛成による承認を経て、民主的に成立したもの**です。ですから、よく言われる「押しつけられた憲法だ」という表現は、少し違うように思います。

また、当時の日本人が「それは嫌だ」と拒否したくなるような内容だったのかというと、そのようなことはなく、国民の大多数は日本国憲法を歓迎したと言われています。

それだけ戦争の痛手が大きかったのです。

日本国憲法が今のような内容で制定されたのは、戦争体験あってのものなのです。

戦争が終わり、新しい憲法が制定されることで、人々は「これでもう戦争をしなくて済む」「これで自由に発言しても大丈夫だ」と大いに安堵しました。

戦前ならば、たとえば労働運動に参加したり、共産主義的な思想を持ったりしていたら、いつ憲兵に捕まるかわかりませんでした。天皇にちょっと批判的な発言をしようものなら、「神聖な天皇をおとしめる発言をした」として警察に連れていかれたり、厳しい取り調べを受けたりしました。

『蟹工船《かにこうせん》』の著書で知られ、プロレタリア文学の代表的な作家である小林多喜二《こばやしたきじ》は、刑務所での拷問によって、実際に殺されてしまいました。戦争中には、こんな出来事が身の回りでたくさん起こっていました。

戦争中の人々が味わった様々な恐怖。そこから解き放たれ、「これからはもうだれにも怯えることはないんだ」「平和な世の中に暮らせるんだ」という大いなる安心感を日本国憲法は与えてくれたのです。

では、憲法条文の内容で考えてみたらどうでしょう。日本国憲法が他の憲法に比べて支離滅裂な内容であれば、「変なものを押しつけて……」と言われるかもしれません。しかし、世界の憲法と比較しても、日本だけが突出して変わっている、ということはないのです。

平和憲法（第九条）に関してはたしかに特徴的ですが、およそ基本的人権においては、一二一五年にイギリスで制定された「マグナ・カルタ」や、名誉革命後の一六八九年十二月に制定された「権利の章典」以来、人々によって積み重ねられてきた世界的な財産をしっかりと受け継いでいます。

むしろ、民主主義国家としてはスタンダードな内容に属します。

「今を生きる日本人は、大日本帝国憲法と日本国憲法のどちらを選択するだろう」と考えると、おそらくはほとんどの人が日本国憲法を選ぶのではないかと私は思います。

コラム②

海外の憲法をのぞき見！プロイセン「プロイセン憲法」

プロイセンは、現在のドイツの一部にあった国で、憲法は一八五〇年に採択されました。伊藤博文たちは、大日本帝国憲法をつくるにあたって、プロイセンの憲法を参考にしました。なぜなら、この憲法の主旨は明治政府が目指す国のあり方にぴったりだったからです。

どこがぴったりだったか。それは、「君主権」が強大だったことです。

君主権とは、その国を治める者（王や皇帝など）が有する権力のことです。プロイセン憲法は、国王はその一族が代々治めるとし（世襲）、それは侵すことができないと定めました。また、権力を行使する権利は国王だけが持ち、大臣を任命したり辞めさせたりできるのも国王だけだとしました。

さらに、軍隊の最高指揮権、他国への宣戦布告や条約の締結など、外国との約束ごとを結ぶ権限、それらに加えて、議会の招集や解散、貨幣の鋳造権《ちゅうぞうけん》まで国王が持っていたのです。

明治政府は、天皇を権力の中心に置き、そこに権力が集中する中央集権国家をつくろうとしました。

なぜ政府は、それほどまでに権力を天皇に集めたかったのでしょうか。

それは、天皇を中心に置くことで、政策を実行する際に国民の同意をいちいち得なくても済むようにしたかったからです。「天皇が認めたから」と言えば、いろんなことをスムーズに決めることが容易になります。

ただ、当時の政治は、天皇が実際にすべてを決めていたのではありません。

政府の中枢は、「薩長土肥《さっちょうどひ》」と呼ばれる薩摩藩、長州藩、土佐藩、肥前藩（それぞれ、現在の鹿児島県、山口県、高知県、佐賀県）出身の人たちで占められていました。日本初代の内閣総理大臣である伊藤博文は、長州藩の出身です。

実際にはそれらの人々が政策を決め、天皇の承認を経て政治を行っていたのです。

また、日本はプロイセン憲法から「超然内閣」の仕組みも採り入れました。これは、議会や政党がどういう動きをしようと、その意向にしばられずに政治を行うという意味です。

大日本帝国憲法には、内閣がどういうもので、何によって制約を受けるかが書かれていません。したがって、内閣は比較的自由に動くことができます。

明治政府は天皇を後ろ盾にして、自分たちが自由に動きやすい仕組みをつくり上げるためのヒントを、プロイセン憲法から得たのです。

2時間目

いざ、日本国憲法の前文を読んでみよう

前文

原文

　日本国民は、正当に選挙された国会における代表者を通じて行動し、われらとわれらの子孫のために、諸国民との協和による成果と、わが国全土にわたつて自由のもたらす恵沢《けいたく》を確保し、政府の行為《こうい》によつて再び戦争の惨禍《さんか》が起ることのないやうにすることを決意し、ここに主権が国民に存することを宣言し、この憲法を確定する。そもそも国政は、国民の厳粛《げんしゅく》な信託《しんたく》によるものであつて、その権威《けんい》は国民に由来し、その権力は国民の代表者がこれを行使し、その福利は国民がこれを享受《きょうじゅ》する。これは人類普遍《ふへん》の原理であり、この憲法は、かかる原理に基くものである。われらは、これに反する一切《いっさい》の憲法、法令及び詔勅《しょうちょく》を排除《はいじょ》する。

　日本国民は、恒久《こうきゅう》の平和を念願し、人間相互《そうご》の関係を支配する崇高《すうこう》な理想を深く自覚するのであつて、平和を愛する諸国民の公正と信義に信頼《しんらい》して、われらの安全と生存を保持しようと決意した。われらは、平和を維持《いじ》し、専制と隷従《れいじゅう》、圧迫《あっぱく》と偏狭《へんきょう》を地上から永遠に除去しようと努めてゐる国際社会において、名誉《めいよ》ある地位を占めたいと思ふ。われらは、全世界の国民が、ひとしく恐怖《きょうふ》と欠乏《けつぼう》から免《まぬ》かれ、平和のうちに生存する権利を有することを確認《かくにん》する。

われらは、いづれの国家も、自国のことのみに専念して他国を無視してはならないのであつて、政治道徳の法則は、普遍的なものであり、この法則に従ふことは、自国の主権を維持し、他国と対等関係に立たうとする各国の責務であると信ずる。

日本国民は、国家の名誉にかけ、全力をあげてこの崇高な理想と目的を達成することを誓《ちか》ふ。

現代語訳

私たち日本国民は、正当に選ばれた国会議員を通して、自分たちと子孫のために、すべての国々と協調することで得られる成果と、日本全土に自由によってもたらされる恩恵を守っていきます。私たちは、政府の行為によって、戦争という痛ましい災いに二度と見舞われることのないよう決意し、主権が国民にあることを宣言し、ここにこの憲法を定めます。そもそも国の政治は、国民からの神聖な預かりものであり、その権威は国民が与えるものです。そして、その権力は国民を代表する人たちによって行使され、その幸福や利益は国民が享受するものです。これは人類にとって普遍の原理であり、この憲法も、この原理に基づいています。私たちは、この原理に反するすべての憲法、法律、命令、詔勅（天皇が公に意思を表示する文書や言葉）を排除します。

私たち日本国民は、恒久の平和を願っています。人と人との関係性をつかさどる崇高な理想を深く認識しています。平和を愛する世界各国の人々の公正さと誠実さを信頼して、私たちの安全と生命を保ち続けることを決意しました。国際社会は、平和を維持し、人々を苦しめる乱暴な政治や奴隷制、弾圧や不寛容をこの地上から永遠になくそうと努めています。私たちは、そういう国際社会の一員として、名誉ある地位を築いていきたいと思います。全世界の人々が、恐れることも飢えることもなく、平和に生きる権利を持っていることを私たちは認識しています。

私たちは、いかなる国も、自国のことだけを考えて、他国をないがしろにしてはならないと信じています。また、政治道徳のルールは普遍的なものであり、このルールに従うことは、自国の主権を維持し、他国と対等な立場に立とうとするすべての国の責務であると信じています。私たち日本国民は、全力を尽くして、この気高い理想と目標を達成することを、国家の名誉にかけて誓います。

解説

◆前文の存在意義とは?

▼理想と理念を示す「宣言」、それが前文

日本国憲法を読むとき、最初に出てくるのが「前文」です。

前文とはどんなものかを理解するには、一冊の本、専門書や実用書、エッセイ本などの冒頭にある「はじめに」をイメージするとよいと思います。

つまり、条項や条文などの具体的な内容に入る前に、まず**前文で「何のためにその憲法を制定するのか」という理念と理想を述べている**のです。

例として、アメリカ合衆国憲法の前文を見てみましょう。

> われら合衆国の国民は、より完全な連邦を形成し、正義を樹立し、国内の平穏を保障し、共同の防衛に備え、一般の福祉を増進し、われらとわれらの子孫のために自由の恵沢を確保する目的をもって、ここにアメリカ合衆国のためにこの憲法を制定し、確定する。

憲法制定の目的が明確、かつ簡潔にまとめられていますね。

このように前文には、憲法を制定するまでにどんなことがあったのか、その経緯や背景を説明する目的もあります。それによって、「なぜその憲法が必要なのか」「どうして憲法がその内容なのか」という存在意義や根拠を明らかにできます。

「過去、わが国ではこんなことがあった。だから今、このような主旨の憲法を制定する。そして、この先わが国が目指す理想をここに述べる」

このような形で、過去に国が経験してきたことや、現在に至る経緯、それをふまえた上で掲げる国としての理想やその方向性が、憲法の前文には込められています。

▼前文はなくてはいけないもの？

人によっては、「前置きは単なる理想に過ぎない。具体的な権利の内容や国家の規定だけが書かれていれば十分なのではないか」と思われるかもしれませんね。

しかし、ここで押さえておきたいことがあります。日本国憲法とは、日本人が独自に発明したものではなく、他の国の憲法を参考にしてつくられたものであるということです。

つまりそこには、長い年月をかけて形づくられてきた憲法の共通のフォーム（様式）があるのです。

また、憲法制定に際して、過去の人々が憲法にどのような思いを込めたのかという点も意識したいところです。

もともと憲法には、市民革命（成長した市民階級が、国王に権力が集中していた体制を倒した改革）に始まり、「権力者の力を制限しコントロールする」という思想が脈づいています。たとえば、アメリカ独立戦争（一七七五〜八三年）において、他の植民地に先駆けて一七七六年に出された「ヴァージニア権利章典」。これは、世界で初めて人間が生まれながらに持っている権利（自然権）について述べたものです。その一部をご紹介しましょう。

（一）すべて人は生来ひとしく自由かつ独立しており、一定の生来の権利を有するものである。これらの権利は人民が社会を組織するに当り、いかなる契約によっても、人民の子孫からこれを〔あらかじめ〕奪うことのできないものである。かかる権利とは、すなわち財産を取得所有し、幸福と安寧とを追求獲得する手段を伴って、生命と自由とを享受する権利である。
（二）すべて権力は人民に存し、したがって人民に由来するものである。行政官は人民の受託者でありかつ公僕であって、常に人民に対して責任を負うものである。

どうでしょう。日本国憲法の前文と非常によく似ていませんか。
ヴァージニア権利章典は、「アメリカ独立宣言」にも大きな影響を与えました。

われわれは、自明の真理として、すべての人は平等に造られ、造物主によって、一定の奪いがたい天賦の権利を付与され、そのなかに生命、自由および幸福の追求の含まれることを信ずる。また、これらの権利を確保するために人類のあいだに政府が組織されたこと、そしてその正当な権力は被治者の同意に由来するものであることを信ずる。そしていかなる政治の形体といえども、もしこれらの目的を毀損するものとなった場合には、人民はそれを改廃し、かれらの安全と幸福とをもたらすべしとみとめられる主義を基礎とし、また権限の機構をもつ、新たな政府を組織する権利を有することを信ずる。

このアメリカ独立宣言は、次にご紹介する「フランス人権宣言（一七八九年制定）」へとつながっていきます。この二つにも、相当な類似点が見つかります。

第一条（一部）　人は、自由かつ権利において平等なものとして出生し、かつ生存する。

第二条　あらゆる政治的団結の目的は、人の消滅することのない自然権を保全することである。これらの権利は、自由・所有権・安全および圧制への抵抗である。

第三条（一部）　あらゆる主権の原理は、本質的に国民に存する。

第五条（一部）　法は、社会に有害な行為でなければ、禁止する権利をもたない。

第七条（一部）　何人も、法律により規定された場合でかつその命ずる形式によるのでなければ、訴追され、逮捕され、または拘禁され得ない。

第十六条　権利の保障が確保されず、権力の分立が規定されないすべての社会は、憲法をもつものでない。

このように**憲法は、単に決まりごとや規定を並べたものではなく、強大な為政者が勝手に定めたわけでもない、長い時間をかけて市民が権力者と戦い、勝ち取ってきた歴史の上に成立しているもの**なのです。

日本国憲法の前文は、勝利宣言というよりは、「戦争を二度とくり返さない」という意志が強く表れているところが特徴でしょう。それを「敗戦国ならではの前文だ」と言う人がいるかもしれませんが、理想を掲げている点はここで紹介した他の憲法と共通していると思います。

◆前文には少し「残念」な部分がある？

国民の決意や思いを冒頭で示した「前文」。スポーツの全国大会でいえば、それは「選手宣誓」であり、いわば受け手の興味や関心をひきつけ、本編へとつなぐ大事な役目を果たすパートです。

しかし、日本国憲法の前文には少し残念な部分があります。

一つは、率直に言って「わかりにくい」ということです。原文の最初を少し読んでみましょう。

> 日本国民は、正当に選挙された国会における代表者を通じて行動し、われらとわれらの子孫のために、諸国民との協和による成果と、わが国全土にわたつて自由の

もたらす恵沢《けいたく》を確保し、政府の行為《こうい》によつて再び戦争の惨禍《さんか》が起ることのないやうにすることを決意し、ここに主権が国民に存することを宣言し、この憲法を確定する。

まず、一文がとても長いです。そして、英文を機械的に翻訳したのかと思うほど文章がギクシャクしていて、なかなか頭に入ってきません。前置きが長すぎて、一番大事な「主権が国民にある」という部分がぼやけてしまっています。

まずは国民主権であること。国民がその主権を十分に自分のものとすることが、人類普遍の原理であること。そして平和を宣言し、平和のもとに生きる権利があること。この憲法がそれらを保障すること。

これらをシンプルに打ち出すほうが、大日本帝国憲法を改正する理由をわかりやすく示すには効果的だったかもしれません。

日本国憲法の少し残念な部分としてもう一つ挙げられるのが、理想主義に傾いているきらいがあることです。前文の一部を見てみましょう。

日本国民は、恒久《こうきゅう》の平和を念願し、人間相互《そうご》の関係を支配する崇高《すうこう》な理想を深く自覚するのであつて、平和を愛する諸国民の公正と信義に信頼《しんらい》して、われらの安全と生存を保持しようと決意した。

「平和を愛する諸国民の公正と信義に信頼して」とありますね。「平和を愛する世界のいろいろな国の人たち（諸国民）が公正で約束を守ると信じて、私たち日本国民は安全と生存を守る」、つまり「戦争をしない」ことを決意したと述べています。

しかし戦争というものは、相手国が「公正と信義」を持っているとは限らないために起こってしまうものなのです。

今起こっている戦争や紛争を思い浮かべてみてください。

私たちの周りを取り巻いている国々が、日本のように憲法で戦争放棄を明記した平和主義の国かというと、決してそうではありません。現実には、軍備を増強したり、他国を威嚇《いかく》したり、領空や領海を侵犯したりしている国が厳然と存在しています。

ウクライナがロシアに侵攻された事実を見ても、「周りの国を信頼して平和を守る」というのは、理想的とはいえ、のん気すぎる面があるのではないでしょうか。

いくら平和がいいと言っても、周りの国のことはコントロールできません。たとえ素晴らしい憲法を持った国があったとしても、独裁者に支配されてしまえば、憲法の理想に反することもおかまいなしにやってしまうでしょう。その現実を忘れてはいけないと思います。

コラム③
海外の憲法をのぞき見！イギリス「マグナ・カルタ」

マグナ・カルタは、イギリスの憲法の基礎であり、その後のヨーロッパやアメリカにおける憲法の発展にも大きな影響を与えました。

こちらは、前文と全六十三条から構成されています。特に、第二十一条と第二十九条などで、自由とは何かという確認が王によってなされたことに意味があります。王が、自分の権力をふるう範囲を制限することに同意したからです。

なお、イギリスには他の国のように、政治の仕組みや人権などについてまとまって規定された、いわゆる「憲法」と呼ぶことのできるもの（成文憲法《せいぶんけんぽう》）は存在していません。これを「不文憲法《ふぶんけんぽう》」と言います。

イギリスは、系統だった条文よりも、実際の判例を積み重ねて国をコントロールしていく「判例主義」の国です。判例の歴史と伝統のあるイギリスは、具体的な事件について「この場合はこの判例が当てはまる」と判断できる「引き出し」を数多く持っています。そのため、法律に関しては安定感があるのです。

日本と比べた場合、そもそもの憲法のあり方自体が違うと言えるでしょう。

理解を深める！

✓あなただったら、日本国憲法の前文をどんな内容にしたいか考えてみよう。

✓他の国の憲法にはどんな前文が書かれているか、興味がある国を一つピックアップして調べてみよう。

（＊調べ方のヒント：各国の大使館のホームページ上にある憲法へのリンクや、国立国会図書館のアーカイブ資料など）

3時間目

「象徴としての天皇」って何だろう

第1章 天皇

原 文

第一条 **〔天皇の地位と主権在民〕** 天皇は、日本国の象徴《しょうちょう》であり日本国民統合の象徴であつて、この地位は、主権の存する日本国民の総意に基く。

第二条 **〔皇位の世襲《せしゅう》〕** 皇位は、世襲のものであつて、国会の議決した皇室典範《てんぱん》の定めるところにより、これを継承《けいしょう》する。

第三条 **〔内閣の助言と承認及び責任〕** 天皇の国事に関するすべての行為には、内閣の助言と承認を必要とし、内閣が、その責任を負ふ。

第四条 **〔天皇の権能《けんのう》と権能行使の委任〕** 天皇は、この憲法の定める国事に関する行為のみを行ひ、国政に関する権能を有しない。

2 天皇は、法律の定めるところにより、その国事に関する行為を委任することができる。

第五条 **〔摂政《せっしょう》〕** 皇室典範の定めるところにより摂政を置くときは、摂政は、天皇の名でその国事に関する行為を行ふ。この場合には、前条第一項《こう》の規定を準用する。

第六条〔**天皇の任命行為**〕天皇は、国会の指名に基いて、内閣総理大臣を任命する。
2　天皇は、内閣の指名に基いて、最高裁判所の長たる裁判官を任命する。
第七条〔**天皇の国事行為**〕天皇は、内閣の助言と承認により、国民のために、左の国事に関する行為を行ふ。
一　憲法改正、法律、政令及び条約を公布すること。
二　国会を召集《しょうしゅう》すること。
三　衆議院を解散すること。
四　国会議員の総選挙の施行《しこう》を公示すること。
五　国務大臣及び法律の定めるその他の官吏《かんり》の任免《にんめん》並びに全権委任状及び大使及び公使の信任状を認証すること。
六　大赦《たいしゃ》、特赦《とくしゃ》、減刑《げんけい》、刑の執行《しっこう》の免除及び復権を認証すること。
七　栄典を授与《じゅよ》すること。
八　批准書《ひじゅんしょ》及び法律の定めるその他の外交文書を認証すること。
九　外国の大使及び公使を接受《せつじゅ》すること。
十　儀式《ぎしき》を行ふこと。
第八条〔**財産授受《じゅじゅ》の制限**〕皇室に財産を譲《ゆず》り渡《わた》し、又《また》は皇室が、財産を譲り受け、若《も》しくは賜与《しよ》することは、国会の議決に基かなければならない。

現代語訳

第一条〔**天皇の地位と主権在民**〕天皇は日本国と日本国民の象徴であり、この地位は、日本国の主権を持つ日本国民全員の一致した考えに基づくものです。

第二条〔**皇位の世襲**〕天皇の地位は世襲制です。皇位の継承は、国会が議決した皇室典範という法律に基づいて行います。

第三条〔**内閣の助言と承認及び責任**〕天皇が国事行為（国のためにする行為）を行う上では、内閣の助言と承認を必要とし、その責任は内閣が負います。

第四条〔**天皇の権能と権能行使の委任**〕天皇は、この憲法に定められている国事行為のみを行い、国の政治にかかわることはできません。

2　天皇は法律に基づき、国事行為を成年皇族の人に委任して代行させることができます。

第五条〔**摂政**〕皇室典範に基づいて摂政（天皇に代わって国事行為をする人）を置くときは、摂政となる人が天皇の名前で国事行為を遂行《すいこう》します。その場合でも、第四条第一項を適用します。

第六条〔**天皇の任命行為**〕天皇は、国会の首相指名選挙で選ばれた人を、内閣総理大臣として任命します。

2　天皇は、内閣が指名した人を、最高裁判所長官として任命します。

第七条〔**天皇の国事行為**〕天皇は、内閣の意見にしたがって、国民のために、以下の国事行為をします。
一　憲法改正、新しくつくられた法律、政令および条約を国民に知らせます。
二　国会を召集します。
三　衆議院を解散します。
四　衆参両院の選挙を国民に知らせます。
五　国務大臣と法律が定める役職の官僚に対する任命と免職を認めます。また外交交渉にあたる使節には、交渉や条約締結の権限を持つ全権委任状を与え、大使・公使には、その任命を通告する信任状を与えます。
六　有罪判決を受けた人には、大赦（政令で定めた特定の罪に対し刑を許すこと）、特赦（特定の人に対して刑を免除すること）、減刑（言い渡してある刑を軽くすること）、刑の執行の免除、復権（有罪によって失った法律上の権利・資格を回復すること）を行います。
七　国民に名誉のしるしとして、勲章などを授けます。
八　外国との条約を承認する批准書と、法律の定めるその他の外交文書に署名と捺印を行います。
九　外国からの大使・公使を迎え入れます。
十　儀式を行います。
第八条**〔財産授受の制限〕**天皇や皇族が、財産を人に譲渡したり譲り受けたりするときは、国会の議決に基づく必要があります。

解説

◆「天皇」から「国民」へ、主権が移ったわけとは?

▼影響が大きすぎた、天皇の「統帥権」

大日本帝国憲法下において、天皇には「統帥権」が認められていました。**統帥権とは、軍隊を統率し指揮することができる最高の権限**です。つまり、戦争をするかどうかを決めることができる最終責任は、内閣でも議会でもなく、天皇にあったのです。

そのことが、軍部が力を拡大していく大きな要因となりました。

代表的な例が「統帥権干犯問題《とうすいけんかんぱんもんだい》」です。第一次世界大戦後の一九三〇（昭和五）年、協調外交を進める浜口雄幸《はまぐちおさち》内閣は、ロンドン海軍軍縮条約に調印しました。その際、野党や右翼から「海軍の反対を押し切って政府が兵力量を決定したのは、天皇の統帥権に干渉し、その権利を侵すことだ」と、激しく攻撃されました。

その理由は次のとおりです。

「軍隊は天皇が直接持っているのだから、たとえ大臣や首相であっても、軍隊に対して異を唱えるべきではない。軍隊に異を唱えるということは、天皇に異を唱えるのも同様である！」

時代の空気もあって、この論理がまかり通ってしまったのです。政治家はこの問題を権力争いの道具としても利用し、それに乗じた軍が政治へ介入するようになっていきました。翌一九三一年には満洲事変が起こり、日本は戦争の時代へと突入していったのです。

▼天皇が「センター」に出てきたのは明治時代

現代の私たちは、天皇はずっと日本の中心、表舞台にいるような感覚を持っています。ですが江戸時代までは、人々が天皇を身近に意識することはほとんどなかったようです。

政治のことは将軍を中心とする幕府が握っていて、天皇はほぼ忘れられたと言ってもよい存在でした。一般の人にとって天皇とは、「いざとなったときにちょっと出てくるけれど、普段は京都にいる位の高い人」くらいの感覚だったと思います。

天皇の位置づけが大きく変わったのは、明治時代以降です。当時の統治組織である「藩」が各地方を治めていた時代が終わり、薩長を中心とする明治政府は、中央政府に権力を集中させた近代国家をつくろうとしました。そのとき、権力の中心に据えられたのが天皇です。

以後、急速に天皇は神格化されていきます。

つまり天皇は、明治政府が「近代的な国家をつくる」という明確な意図のもと、天皇制を国家の中に制度として採り入れたことで、存在感を増していったのです。

▼意外に難しかった「国民主権」への発想転換

前にポツダム宣言のお話をしましたが、日本がこれを受諾したことで、連合国が日本を民主化・非軍事化することは既定路線でした。そこで、GHQ最高司令官のダグラス・マッカーサーは、憲法改正を日本に求めました。

しかしながら政府は、「主権が国民に移る」ということの意味をなかなか理解できず、あくまで天皇主権を維持しようとしました。

戦前の日本では、それほど「天皇主権」が当たり前のこととして浸透していて、国内だけの努力では、国民主権へと発想の転換ができなかったのですね。

そのような意味では、ポツダム宣言の内容やマッカーサーによって提示された方向性が、日本国憲法第一条の内容に反映されたことで、今に至る国民主権の実現につながったと言えるでしょう。

▼天皇制が残された背景には、国民の「敬愛心」があった

天皇制がもたらす負の側面が大きいとみなしたことから、GHQは戦後も天皇制を存続させるかどうかを検討していました。

実際、一九四六年から四八年にかけて行われた極東国際軍事裁判においては、連合国が戦争犯罪人として指定した人たちが裁かれていきました。そのとき、天皇も最高責任者として裁かれる可能性がありました。統帥権を持つ最終責任者ですから、天皇制の廃止も、当然選択肢にあったでしょう。

しかしこれをやってしまうと、日本国民の心理的な反発が激しくなり、戦後統治が難しくなるかもしれない。マッカーサーはそう考えました。なぜなら日本人は、戦争や軍部のことは憎んでいましたが、天皇のことも同じくらい憎んでいたとは必ずしも言い切れないからです。

私の父は大正時代の終わりに、母も昭和の初めに生まれた戦中派世代です。周りには戦前生まれが大勢いました。私は小さいころから、その人たちが天皇について話をする様子を見聞きして育ちました。ですから、戦前の人が天皇に抱いている気持ちがどんなものだったか

を理解できます。

大正時代の人は、天皇は日本人にとって「お父さん」だったと言うのです。国家の仕組みや憲法がどうあれ、人々は、天皇を支配者としてよりも、自分たちの心のよりどころとして敬愛の念を抱いていた。天皇に対する意見はいろいろありますが、そういった面が実際にあったのです。

戦争が終わったとき、天皇に対する戦争責任を追及する声はもちろんあったでしょう。ですが、玉音放送を聞いて泣き崩れた人々は、「天皇陛下（当時の今上陛下。次も同じ）がそうおっしゃるのだから仕方がない。この戦争は終わりなのだ」と、ある意味「天皇陛下に免じて」納得していった面もあるわけです。

それなのに、天皇が戦争犯罪人として敵国に裁かれることになれば、日本人はどうなってしまうだろうか。自国民としてのアイデンティティのすべてを失い、極端な行動に走るかもしれない。そうなれば、戦後日本の統治は非常にやりにくくなる。

マッカーサーはそう判断し、天皇制を残すと決めたのです。

▼民主化にぴったりハマった天皇の「シンボル化」

さて、天皇制を守るために、どのような方法があるか。そこで生み出されたのが、**「権力は持たせないけれども、シンボルとして残す」**という発想でした。

GHQは、「天皇は大日本帝国憲法のように権力を行使せず、政治的な行為は一切しない。けれども、『象徴』としてたしかに存在するならば、日本人は納得する。これを受け入れてくれるのならばよい案ではないか」と考えたわけです。

これは実にいい手だったと思います。天皇制が維持されたことで、日本は「日本国」としてのアイデンティティの骨格を失わずに済みました。もし天皇制が廃止されていたら、日本は全く違う国になっていたかもしれません。

象徴天皇制は、戦争に負けたことで日本人が負った心理的なストレスを減らし、新しい憲法を受け入れやすくする素地づくりにもプラスに働きました。また、天皇が権力を持たないことで、民主化への移行を妨げることもなくなりました。

◆「国の象徴」とは何か?

▼国民の気持ちが一つにまとまるもの、それが「象徴」

憲法でいう「象徴」とは、それがあることで国民の気持ちが一つにまとまるような存在（国民統合の象徴）を意味します。日本では、その中心は天皇です。

もう一度、第一条の条文を確認してみましょう。

> 第一条　天皇は、日本国の象徴《しょうちょう》であり日本国民統合の象徴であつて、この地位は、主権の存する日本国民の総意に基く。

このように、国民の気持ちが一つにまとまるような存在は、他の国にもあるのでしょうか。たとえばアメリカ合衆国なら、「星条旗」が当てはまるでしょう。

しかし他国を見ると、このような「国民統合の象徴」を持っている国ばかりではないことに気づかされます。また、権力者が必ずしもそれに該当するわけではないこともわかるでしよう。政権が倒されたり、選挙のたびに入れ替わる人に向かって、国民の気持ちがいつも同じようにまとまるとは考えにくい。ましてや、独裁や圧政を行っている国ならなおさらです。だからこそ、人物ではなくて、国歌や国旗、あるいは何らかの制度など、国民統合の象徴を果たしてくれる存在が必要になってくるわけです。

日本の場合は、天皇家が長い間存続してきたという特別な事情がありますから、それを否定しない形で「象徴」としたのです。

▼天皇は権力との距離感が大事

ところで、天皇のもともとの役割とは、どのようなものだったと思いますか。

大学時代、法学部で学んでいた私は、天皇の歴史について学ぶ授業を一年間受けました。そこで、天皇が「神と交信することによって五穀豊穣の祈りを聞き届ける存在」であることを知りました。

代々の天皇は、神職として儀礼的な行為をつかさどり、新嘗祭《にいなめさい》や大嘗祭《だいじょうさい》などの祭祀《さいし》（祭典）を行っています。「宮中祭祀」という言葉を聞いたことがあるかもしれません。今でも天皇は、年間二十件近くの祭事を行っています。

そこからわかるように、天皇は「政治に直接かかわらない」というスタンスを、伝統的に千年あまり続けてきました。

歴史に詳しい人なら、ここで「ん？」と思うかもしれませんね。そう、日本の歴史には、政治の争いに天皇が登場してくる時代がいくつも登場してきます。史実を見ると、「藤原氏が自分の娘を天皇の妃にして権力を高めた」「新政に失敗した」「隠岐に流された」など……なぜだかうまくいっているケースはほとんど見当たりません。どうしてでしょうか。

それは、政治の表舞台に天皇が出ることで、天皇自身が危険にさらされてしまうからです。天皇が主導的に政治にかかわると、政権が打倒されたときに、天皇もともに倒されてしまいます。ですから天皇というものは、政治の権力から少し距離を置いて、権力者がいくら変わろうともその影響を受けない「無風地帯」にいたほうがいいのです。

福澤諭吉も、著書『日本皇室論』に収録されている「帝室論」の中で、「天皇家は穏やかな春風が吹くような存在であるほうがよい」と述べています。

「権力から距離を置く。そのほうが天皇の存在が脅かされない」

歴史から学んだ素晴らしい知恵があったはずなのに、明治政府は天皇をいきなり権力の中心に持ってきてしまった。そのために、昭和になって天皇が戦争責任を問われるという危ないところにまで到達してしまったのです。

◆「象徴」としての仕事とは？

▼今の仕事は「お墨付き」を付与すること

では実際に、日本国憲法に定められた天皇の仕事を見てみましょう。

> 第四条（一部）　天皇は、この憲法の定める国事に関する行為のみを行ひ、国政に関する権能を有しない。
>
> 第六条　天皇は、国会の指名に基いて、内閣総理大臣を任命する。
>
> 2　天皇は、内閣の指名に基いて、最高裁判所の長たる裁判官を任命する。

「内閣総理大臣を任命する」「裁判官を任命する」と、「任命」の言葉がたびたび登場していることがおわかりになると思います。

任命とは、どのような意味合いのことでしょうか。ちょっと想像してみましょう。

「齋藤君には○○大臣を任命する」「ははーっ！」。言われたほうは誇らしく、晴れがましい気持ちになりますが、よくよくその意味を考えると、任命とは「儀式」なのです。

天皇は、大臣や最高裁判所長官にだれがふさわしいのかを決める人事権を持っていません。したがって、内閣によって指名された人に対して「いや、その人じゃなくて、こっちの人がいいんじゃない」と意見を述べる権利はないわけです。「齋藤君を○○大臣に指名したので任命状を渡してください」と言われたからそうしているだけで、そこに天皇の影響力はありません。

「えっ、だったら任命しなくてもいいじゃないか」と思うかもしれません。しかし、国の象徴としての儀礼的な行為をしないとなると、天皇が国にかかわる行為がほとんどなくなってしまいます。

天皇の位置づけや捉え方は人それぞれです。ただ、仮に天皇が儀礼的な行為をしないといった場合、それが「日本国の象徴」であり、「日本国民統合の象徴」、もしくは「国を代表する元首」と言えるのか、根拠がいま一つはっきりしません。

したがって、**天皇に任命権を与えることで象徴としての儀礼的な行為を維持し、「象徴とは、**

こういうことをする存在ですよ」という内実を与えているわけです。

政治の中身には入り込まずに、儀礼的な面のみをつかさどる。そのことによって、国の決定にお墨付きを与える。これはまさに、象徴天皇の性格を体現するものだと思います。

◆皇室典範はなぜ世襲制を定めている？

▼天皇の権威は世襲とセットになっている

天皇家は、神話的には神武天皇が即位した紀元前六六〇年から始まります。異論はありますが、同一の血筋の人が継ぐ「万世一系」であると解釈されています。

今上天皇（徳仁《なるひと》さま）は一二六代目です。天皇が持つ権威の根拠となるものは、皇室が世襲制で長く続いてきたという点が非常に大きいです。世襲制については、憲法で次のように記されています。

第二条　皇位は、世襲のものであつて、国会の議決した皇室典範《てんぱん》の定めるところにより、これを継承《けいしょう》する。

また、歴史上では女性天皇の事例も複数ありますが、天皇になるのは基本的にずっと「男系男子」とされてきました。これが今、皇室の継承問題として取りざたされています。

もし仮に、何らかの都合で「女性が天皇に就いてもよい」と決めたとしましょう。すると、長年続けてきた男系男子の血筋が、意味をなさなくなってしまいます。

では、「女性皇族と結婚した男子に継いでもらおう」となった場合はどうでしょう。国民の中には、「それって一体だれですか?」という反応を示す人も出てくるのではないでしょうか。国民の気持ちが一つにまとまらない。この時点で、天皇はもう「象徴」という意味をなさないと言えます。

▼「正統性」があってこそ得られる国民からの信頼

日本国民が皇室に信頼を置いている背景には、皇室の歩みというものを、折々に目にしながら生きてきたことが関係していると私は思っています。

たとえば今上天皇は、即位するまでは浩宮《ひろのみや》と呼ばれていました。日本人は、浩宮さまが生まれたとき、その誕生を祝い、「この方が次の皇太子になるんだ」と成長を見守ってきたわけです。浩宮の父の上皇さま、祖父の昭和天皇も同じです。私たちはまさに、皇室というアルバムをめくるように、その姿をずっと見てきました。

そこに**皇室の正統性が生まれ、国民の信頼が醸成されていく**のです。だからこそ、「国民統合の象徴としてふさわしい」と納得もできるわけです。

平成の時代に、天皇皇后（現上皇上皇后）両陛下が長年行ってこられたことは、日本国民にとって非常にプラスだったと思います。たとえば、災害が起こった場所に足を運んで人々の近くに膝をついて座り、被災者の手を取って励ます姿は印象的でした。

『論語』には、次のような言葉があります。

君子《くんし》は義《ぎ》に喩《さと》り、小人《しょうじん》は利《り》に喩る

これは、「立派な人はそれが正義であるかどうかをまず考える。一方、つまらない人間はおのれの利益ばかりを考える」という意味です。私はお二人にお目にかかってお話をしたとき、「ああ、なるほど。君子とはまさにこういうものなのか」と感じ入りました。

◆実は盤石でない天皇の地位

天皇の地位については日本国憲法の第一条に定められているので、これは盤石だと認識している方も多いでしょう。しかし、必ずしもそうとは言えないのです。

第一条には、「この地位は、主権の存する日本国民の総意に基く」とあります。つまり、天皇のありように対する国民からの評判があまりにも悪い場合、憲法上は「国民の総意に基づかない」ということになります。

するとどうなるか。国民が「この天皇じゃ、もうだめだ」と思った場合は、第一条をむしろ根拠として「象徴をやめてください」と言えるわけです。ですから、**国民は天皇制に何も言ってはいけないのではなく、むしろ「その地位を決めているのは私たち国民なんだ」と示している**第一条は、とても重要です。

国の象徴という立場を有する天皇であっても、憲法上は、主権者たる国民の意向を尊重した上で行動することが求められているのです。

コラム④

海外の憲法をのぞき見！ フランス「第五共和国憲法」

現在のフランスの憲法は一九五八年に制定され、第五共和制の時代につくられたことから「第五共和国憲法」とも呼ばれています。

フランスの憲法というと、さぞかし人権について細かく書かれているのだろうと思うかもしれませんが、実は基本的人権についての条文はないのです。

代わりに前文では、「一七八九年に定められた人権と国民主権の原則に関する宣言を厳粛に守る」という主旨のことが述べられています。

この言及によって「人権宣言」をふまえているとわかります。

とはいえ、日本国憲法と比較すると、基本的人権については日本のほうが非常に細かく規定しています。

「第五共和国憲法」の特徴としては、制度の記述が非常に多いことが挙げられます。

第一章の第二条では、国語をフランス語とすることや、国旗は青、白、赤の三色旗にすること、国歌は「ラ・マルセイエーズ（マルセイユの歌）」、標語は「自由、平等、友愛」であること、原理は「人民の、人民による、人民のための統治」など、日本人にも耳なじみのある項目がきています。

第二章の第五条からは、大統領についての規定が続いています。そんなところも、日本国憲法とは違いますね。

理解を深める!

✓国の象徴として、国民からの敬愛が基本にある天皇家には、どんなことが求められるだろうか。自由に考えてみよう。

✓天皇制を続けていくにあたって問題が生じた場合、天皇の決め方を定めた皇室典範は、国民の要望で変更できるのだろうか。調べてみよう。

4時間目

「第九条」のはなし

第2章 戦争の放棄

原文

第九条〔**戦争の放棄と戦力及び交戦権の否認**〕日本国民は、正義と秩序《ちつじょ》を基調とする国際平和を誠実に希求し、国権の発動たる戦争と、武力による威嚇又は武力の行使は、国際紛争《ふんそう》を解決する手段としては、永久にこれを放棄する。

2 前項の目的を達するため、陸海空軍その他の戦力は、これを保持しない。国の交戦権は、これを認めない。

現代語訳

第九条〔**戦争の放棄と戦力及び交戦権の否認**〕日本国民は、正義と秩序を基本とする国際平和を真摯に願い求めます。日本は国際紛争を解決する手段として、外国と戦争をしたり、相手国を武力によって脅したり、実質的には戦争行為と言えるような武力を使うことは、永久に行いません。

2　戦争を放棄するという目的を達成するために、日本は陸軍・海軍・空軍などの軍隊だけでなく、その他一切の戦力を持ちません。また、国家の交戦権も認めません。

解説

◆憲法第九条はなぜそんなに重要なのか？

▼唯一無二の徹底した平和主義に基づく憲法

日本は、一八九〇年に大日本帝国憲法が施行されて以降、一八九四年から翌年にかけての日清戦争を始めとして、一九〇四年から翌年までの日露戦争、一九四一年から四五年までの太平洋戦争に至るまで、戦争を何度も行ってきました。

戦争は、アジアの国々を中心に大きな被害を与え、日本国民自身も戦争の残酷さと悲惨さを体験しました。また、日本は世界で初めて、二度の原子爆弾による被害を受けました。

そのような痛ましい体験をふまえ、第九条では第一項で戦争を放棄し、第二項で戦力を持たず、交戦権も認めないと定めています。

このように、**平和主義の理念をはっきりとした形で規定していることが、日本国憲法が世界にも例がない憲法として注目を集めるゆえん**でもあります。

戦争放棄そのものを定めた憲法は、他の国にも見られます。

たとえば、フランスやドイツ、韓国などは侵略戦争を、スペインは国家の政策の手段としての戦争をそれぞれ放棄しています。

戦争の放棄に加え、戦力も持たず、国の交戦権までも認めない、と徹底した平和主義を打ち出した日本国憲法は、他の国とは異なるきわだった特徴を有している憲法と言えるでしょう。

▼様々な解釈が可能な第九条

一時間目でも取り上げましたが、日本国憲法はGHQ案がそのまま翻訳されて成立したわけではありません。成立までの過程で、政府案の作成や議会での審議が行われ、追加や修正が加えられていきました。

第九条は一九四六年六月、帝国議会に提出された帝国憲法改正案で、次のように規定されていました。

第九条　国の主権の発動たる戦争と、武力による威嚇又は武力の行使は、他国との間の紛争の解決の手段としては、永久にこれを抛棄《ほうき》する。陸海空軍その他の戦力は、これを保持してはならない。国の交戦権は、これを認めない。

しかし衆議院での審議において、「政府案では日本がやむをえず戦争を放棄するような感じを与え、自主性に乏しい」という批判が上がりました。そこで、一文目の冒頭に「日本国民は、正義と秩序を基調とする国際平和を誠実に希求し」という文言が追加されました。

また、二文目の冒頭にも「前項の目的を達するため」と加え、以降の文章も、「陸海空軍その他の戦力は、これを保持しない。国の交戦権は、これを認めない」と改めたのです。

これらはほんのわずかな言葉の修正なのですが、このことで第九条の解釈に幅が生まれました。特に、「前項の目的を達するため」という文言が加わったことで、「自衛のためには保持してもよい」という解釈が成り立つようになったのです。

「前項の目的」――つまり、第九条第一項を達成するために戦力を持つことは永久にない。

しかし、それ以外の目的、「自衛」という目的のためには戦力を持つ。このような解釈ができるというわけです。

この修正は、協議された小委員会の芦田均《あしだひとし》委員長の名から、「芦田修正」と呼ばれています。

日本はこの後、一九五〇年の朝鮮戦争勃発直後に、朝鮮半島に出動する在日米軍の任務を引き継ぐものとして、「警察予備隊」を設置。以後、警察予備隊は一九五二年に「保安隊」へと改組、一九五四年に「自衛隊」が創設され、自衛力は強化されていきます。

その過程で、第九条の解釈や運用をめぐる問題は、政治の大きな争点となっていきました。

▼今こそ考えるべき第九条の問題と自衛隊

第九条の解釈については、これまで多くの議論が行われてきました。近い将来起こりうる日本国憲法改正にあたっても、一番の焦点になることは間違いないでしょう。

最大のポイントは、自衛隊の存在を明記するかどうかです。それは、自衛隊の存在が憲法第九条に違反しているのではないかという問題があるからです。

概要をご説明しましょう。

自衛隊はその名が示すように、自衛のための軍隊で、専守防衛の性質を持った組織です。

つまり、先制攻撃はしない。攻撃から国を守るだけの軍隊です。

「ならば第九条には違反しないのではないか」と考える方もいるでしょうが、条文をよく読んでみると、「陸海空軍その他の戦力は、これを保持しない」と書いてあります。

現実はどうでしょう。自衛隊は、二〇二二年三月末時点で二三万七五四名の人員を有し、陸上自衛隊、海上自衛隊、航空自衛隊の三つの部隊で構成されています。つまり、「陸海空軍」を全部持っている。そして、戦車や装甲車、戦闘機、潜水艦、各種ミサイル、銃火器など、あらゆる機器を備えています。これは「戦力」そのものです。

これを「守るために必要な装備で、戦力ではない」と表現するとしましょう。「これは戦車ではなく、安全に物資を輸送するための頑丈な車両です」とか、「これは戦闘機ではなく、非常時に使う旅客機です」とか、その都度言い換えるにも限界がありそうです。

事実、日本の自衛隊はアメリカからいろいろな物資を買い込んでいます。アメリカでは武器として使われているそれらのものが、日本に持ち込まれたら戦力ではなくなるのでしょうか。自衛隊が、人命救助や災害援助だけに特化した部隊であるならば、攻撃・破壊能力を有する戦車やミサイル、戦闘機は必要ないはずです。

すると、どうしても自衛隊の存在は、憲法と矛盾していると言わざるを得ません。

これまでも、自衛隊が違憲かどうかを争う裁判はいくつも行われてきました。しかし裁判所は、はっきりした憲法判断を下さないまま現在に至っています。

▼政治家は自衛隊をどう捉えるのか

自由民主党は、二〇一二年に出した憲法改正草案で、自衛隊を「国防軍」と改めました。国防軍は、日本の平和と独立、国民の安全確保のための活動と、他国と協力し合って行う活動、治安維持や災害派遣などの活動ができると規定しています。

戦争をしたいとは思っていないが、いざ他国から攻め込まれれば戦うしかない。ならば憲法上は「国防軍」を置くほうが、自衛隊よりも、日本を守ることができるのではないか。そう考えたのです。

一方、二〇二二年四月、一貫して自衛隊の設置に反対の立場を取ってきた、日本共産党の志位和夫《しいかずお》委員長が、緊急事態が起こったときには「自衛隊を含めてあらゆる手段を行使して、国民の命と日本の主権を守りぬく」と発言しました。

合憲とは認めないが、自衛隊なくして日本は守れない。これが日本共産党の主張です。

国民の中には、現状のように曖昧な表記と扱いのまま、自衛隊が憲法の中で宙ぶらりんの状態に置かれていることに違和感を覚えたり、何か手を打つ必要があるのではないかと感じていたりする人もいるかもしれません。

◆「戦争」と「武力行使」はどう違う?

▼宣戦布告して行うのが「戦争」

戦争とは、国と国の対立によって起こる軍事的な戦闘を指します。一方**武力行使には、民族間や地域内での紛争やテロ攻撃など**が挙げられます。

両者を区別する一番の違いは、「宣戦布告」の有無です。

たびたび報じられる、インドとパキスタン、あるいはインドと中国などの国境付近での争い。これらは宣戦布告がされていないので、「戦争」ではなく「紛争」です。

戦争を開始する際には、開戦に先立って宣戦布告をする義務があります。これは、国家間の合意によって定められた決まりである「国際法」で規定されています。

ただし国際法には強制力がないので、ある国が国際法に違反しているからといって、強制的に守らせようとしたり、制裁を加えたりはできません。ここは大きな弱点です。

では、国際法は全く効力を持たないのでしょうか。

国際社会において、国家としての信頼を保ち、他国と対等につきあっていくには、国家間での約束ごとやルール＝国際法をしっかり守ることが必須です。これは人間関係でも同じことですよね。自分の利益を優先してルールを守らない人は周囲からうとまれ、やがて孤立していってしまいます。

▼日本が国際紛争を解決する手段とは？

日本は第九条で、「国権の発動たる戦争と、武力による威嚇又は武力の行使」は「国際紛争を解決する手段としては、永久にこれを放棄する」としています。

つまり、国の行為としての戦争を否定する。また、武力をもって相手を脅したり、脅かしたりすることもしない。ましてや、実際に武力を使うことはないと言っているわけです。

ならば、日本が国際紛争を解決するには、他にどんな手段があるでしょうか。

一つは「外交」です。他国ともめごとが発生しても、外交的な折衝を重ねて何とか解決していく。日本は、このような平和的な解決法を目指すとしています。北朝鮮による拉致問題でも、日本は長い時間をかけ、外交折衝のみによる解決を試みてきました。

一方北朝鮮は、わが国や周辺国の近海にミサイルを発射するなど、日本国憲法で言う「武力による威嚇」をたびたび行っています。

それに対して、「日本が何もしないから調子に乗っているんだ、やられたらやり返すことも必要だ」という意見があるかもしれません。しかし、それは「武力による威嚇」であり、憲法違反ですから、自衛隊はそれを行うことができないのです。

ただ万が一、北朝鮮から飛んできたミサイルが日本の領土のどこかに命中したら、一体どうするのかという懸念があります。アメリカのように、日本よりも大きな軍事力を持つ国であれば、相手国に反撃する可能性もゼロではありませんが、「攻めてはいけない、守るだけ」の専守防衛が基本の日本は、果たして何ができるのでしょうか。

二〇二二年十二月十六日、岸田文雄内閣総理大臣は、「国家安全保障戦略」など三つの文書の決定を受け、敵のミサイル発射基地などをたたく「反撃能力」は、抑止力として必要だと強調しました。ロシアのウクライナ侵攻にも触れ、現在の自衛隊の能力でこの国を守り抜くことは十分にはできないとも述べました。

いろいろな意見があるのは当然ですが、防衛問題を現実的に考えるときがやってきているのはたしかでしょう。

◆自衛隊はどのように受け止められてきたのか？

▼国民の感情はだいぶ変わってきた

敗戦からそれほど時間が経っていない、昭和四十年代（一九六五～七四年）を生きていた人々の多くは、「戦争なんて絶対にしない」という気持ちを強く持っていました。日本が取るべき姿勢についても、非武装中立を支持する層もありました。

私は一九六〇（昭和三十五）年生まれです。記憶をたどってみると、そのころの自衛隊の人たちは、ずいぶんと肩身の狭い思いをして生きていたと思います。

当時は、自衛隊というと「必要悪」のような、いわば陰の存在として受け止められ、人気のある職業ではありませんでした。

そこに疑問を抱いたのが、戦後の代表的な作家である三島由紀夫でした。

三島は、国を守るという崇高な使命感を持って任務に就いている自衛隊の人々が冷遇されている現状を憂い、憲法改正による自衛隊の国軍化を訴えました。三島は、一九七〇年に市ヶ谷の陸上自衛隊東部方面総監室に乱入し、自衛隊員に憲法改正のための決起を呼びかけて割腹自殺をしました。この事件は、社会に大きな衝撃を与えました。

それから半世紀以上が経ち、自衛隊を取り巻く境遇は、当時から大きく変わりました。自衛隊を舞台に人気俳優が主人公を演じるテレビドラマが放送されるなど、自衛隊は今では多くの人に好意的に受け止められています。東日本大震災の際の献身的な救助活動も、国民の気持ちを大きく揺さぶったことでしょう。

自衛隊に対する受け止め方も、「違憲なので持つべきではない」と考える人は少なくなってきています。大きな理由としては、「自国の安全を自国で守るのは当然だ」と判断する人が増えたことが考えられます。

◆憲法がこれまで改正されなかった理由は？

二〇二二年十一月現在、国会で与党第一党の地位にある自由民主党は、一貫して「憲法改正」を党の目標としてきました。それは、一九五五年の立党宣言内にも書かれています。

党の使命
わが党は右の理念と立場に立って、国民大衆と相携え、第一、国民道義の確立と教育の改革　第二、政官界の刷新　第三、経済自立の達成　第四、福祉社会の建設　第五、平和外交の積極的展開　第六、現行憲法の自主的改正を始めとする独立体制の整備を強力に実行し、もって、国民の負託に応えんとするものである。

また、二〇〇五年の立党五十年宣言では、改憲への意思がよりはっきりとしてきます。

新綱領　新しい憲法の制定を
私たちは近い将来、自立した国民意識のもとで新しい憲法が制定されるよう、国民合意の形成に努めます。そのため、党内外の実質的論議が進展するよう努めます。

自由民主党は、一九九三年と二〇〇九年の二度にわたり野党になりながらも、一九五五年から現在に至るまでの長い間、ほとんど日本の政権を握り続けてきました。
それなのに、いまだ憲法改正は実行されていません。なぜでしょうか。

理由の一つに、**日本国憲法自体が非常に改正しづらい仕組み**であることが挙げられます。

日本国憲法を改正するには、衆議院と参議院、それぞれの総議員の三分の二以上の賛成を経たのち、国民投票で過半数の賛成を得る条件をクリアしなければなりません。これは、かなり高いハードルなのです。このような憲法を「硬性憲法」と呼びます。

反対に、改正が容易な仕組みの憲法は「軟性憲法」といい、法律を改正するのと同じくらいの手続きで改正ができます。軟性憲法を採る国には、イギリスなどがあります。

改正しづらいと聞くと、「なんでそんな不便な仕組みなのだろう」と感じるかもしれませんが、憲法は国のあり方の骨格とも言えるものです。また、人類普遍の権利を明記している以上、簡単に変えることができてしまったら非常に危険です。

一般家庭やオフィスでも、防犯のために二重三重に戸締まりをするのと同じことで、憲法には、安易な変更が難しいことによるメリットもあるのです。

◆集団的自衛権とその論点

▼どうする？　集団的自衛権

憲法の中には、「自衛権」という言葉は登場しません。ですが、第九条の解釈をめぐって常に問題となってきました。

自衛権には二種類あります。一つは、**自国が他の国から攻撃されたときに自分の国を守る「個別的自衛権」**。もう一つは、**他の国とつくった助け合いのグループにおいて、どこかの国が他国から攻撃を受けたとき、仲間の国とともに戦う「集団的自衛権」**です。

国連憲章では、主権国家に自衛権（個別的・集団的の両方）が認められています。

> 第五十一条　この憲章のいかなる規定も、国際連合加盟国に対して武力攻撃が発生した場合には、安全保障理事会が国際の平和及び安全の維持に必要な措置をとるまでの間、個別的又は集団的自衛の固有の権利を害するものではない。この自衛権の行使に当って加盟国がとった措置は、直ちに安全保障理事会に報告しなければ

ばならない。また、この措置は、安全保障理事会が国際の平和及び安全の維持又は回復のために必要と認める行動をいつでもとるこの憲章に基く権能及び責任に対しては、いかなる影響も及ぼすものではない。

たとえば、欧米諸国は北大西洋条約機構（以下、ＮＡＴＯと表記）を結成しています。加盟国がＮＡＴＯ以外の国から攻撃されたときは、その国を救うために他の加盟国が一緒に戦う約束になっているわけです。

これまで日本政府は、個別的自衛権は発動できるとしてきましたが、集団的自衛権は憲法解釈上では許されないと考えてきました。たとえ日本が攻撃を受けていなくても、同盟を結んだ国が攻撃を受けたら、そこに参加して戦争をしなくてはならないため、専守防衛の原則に反するからです。

一九九一年に起こった湾岸戦争で、集団的自衛権の運用が大きな問題となりました。

このとき、国連の主導で多国籍軍がイラクのフセイン政権を攻撃しました。日本は集団的自衛権を発動できないため、一兆七〇〇〇億円もの資金協力を行いました。

しかしそれでは不十分だと判断した政府は、ペルシャ湾岸に掃海艇《そうかいてい》（海の地雷である「機雷」を除去できる機材や装置を搭載している特殊艦艇）を派遣したのです。

政府はその根拠を、「公海上での作業であり、海上自衛隊による通常業務なので問題ない」と説明しました。

日本の自衛隊が実施したのは、イラクへの攻撃ではなく機雷の除去ですが、国外、しかも戦地の近くまで自衛隊が出向いたことは、戦後の日本においては非常に大きな出来事でした。

ここで持ち上がるのは、この先同じような状況下で、相手国から自衛隊が攻撃を受けた場合、日本はこれをどう解釈するのかという問題です。相手方にすれば、「憲法第九条を守らなくてはいけない」とか「自衛隊は先制攻撃はできない」などの日本側の事情は関係なく、敵国の同盟国である以上は、同じ「敵」として認識されます。

このように、同盟国が関係してくる場合、集団的自衛権をどう規定するのか。身体を張って守ってくれるのは自衛隊ですが、現状の憲法では自衛隊の存在は認められていません。この状態をそのままにしてよいのでしょうか。議題は尽きません。

国としてこの状況をどう判断するのか、政府の技量が試されるところです。

▼国民は憲法改正についてどう考えているのか

憲法改正に関する直近（二〇二二年五月時点）の世論調査では、「賛成」と「反対」がちょうど拮抗しているような状態で、国民の中でも意見が揺れています。

戦前・戦中生まれで「戦争は二度としてほしくない」と思っている方は、憲法は変えてほしくないと考えるかもしれません。社会的な状況や世論の流れによって憲法を変えるとなったとき、「これで一歩戦争に近づくのか」という恐れの感情がわいてくるからです。憲法改正と聞くと、「戦争に突入する気か！」と受け止める方もいるでしょう。

ただ、「わが国は平和主義だ」といくら表明しても、攻め込まれてしまったら一巻の終わりです。大切にしてきた唯一無二の平和憲法も、何の意味も持たなくなります。

私たちはそれでも、やられ放題にやられても、憲法第九条があれば幸せだと、果たして言い切れるでしょうか。

戦時には、憲法がただの紙切れに過ぎなくなってしまうこともありうるわけです。それをふまえて、日本国憲法の改正案がどこまでの範囲を対象とし、何を変えるのか、国民が真剣に考える時期にきていると思います。

国民全員で検討した結果、「やはり改正しないことにした」というのならば構いませんが、少なくとも改正についての建設的な議論はすべきでしょう。

▼憲法改正の是非を問う世論調査の結果

賛否＼メディア名	朝日新聞	読売新聞	毎日新聞	NHK
改憲派	56%（改憲必要）	60%（改正する方がよい）	44%（改憲賛成）	35%（改憲必要）
護憲派	37%（必要ない）	38%（しない方がよい）	31%（改憲反対）	19%（必要ない）

出典：各種メディアでの世論調査結果（2022年5月）をもとにSBクリエイティブ株式会社が作成

※表中に使用した各種メディアの世論調査結果は、それぞれ次の情報を参考にしています。（参照日：2022年11月22日）

・朝日新聞
朝日新聞デジタル、「改憲『必要』56%、9条『変えない』59%　朝日新聞世論調査」、2022年5月2日公開、https://www.asahi.com/articles/ASQ52549ZQ52UZPS008.html

・読売新聞
読売新聞オンライン、「憲法改正『賛成』60%、『自衛のための軍隊保持』は45%…読売世論調査」、2022年5月3日公開、https://www.yomiuri.co.jp/election/yoron-chosa/20220502-OYT1T50225/

・毎日新聞
毎日新聞デジタル、「岸田政権下での憲法改正　賛成44%、反対31%　毎日新聞世論調査」、2022年5月2日公開、https://mainichi.jp/articles/20220502/k00/00m/010/154000c

・NHK
NHK NEWS WEB、「憲法改正"必要"35% "必要ない"19% NHK世論調査」、2022年5月3日公開、https://www3.nhk.or.jp/news/html/20220503/k10013608831000.html

コラム⑤

海外の憲法をのぞき見！
アメリカ「アメリカ合衆国憲法」

「アメリカ合衆国憲法」では、最初に連邦議会の議会、次に大統領……と、政治機構の規定がきています。そして司法の規定があり、次に連邦制について触れています。平和主義が最初にくる日本の憲法とは、全く違う構成ですよね。

アメリカは、「合衆国」の名のとおり、たくさんの州（二〇二二年十一月時点では五十州）が結びついた連邦共和国です。そして州の独立性が強く、法律（州法）は州によってかなり異なります。日本でたとえると、江戸時代の藩のようなイメージです。

また、最も特徴的なのは、憲法の基本の骨格を変えずに「修正条項」をつけ加えるところです。これはなかなかうまい方法と言えます。

アメリカの得意分野であるコンピュータソフトやOSは、どこよりも早くリリースして瞬く間にシェアを取ってから、後で「アップデート版」によってシステムの不備や不具合の修正を重ねていきます。修正条項は、そのやり方と似ています。

日本国憲法には、修正条項をつけるというやり方はないため、もしもこの方法がとり入れられていれば、日本国憲法を取り巻く状況はもっと変わっていたかもしれません。

理解を深める!

✓ニュースなどで見聞きして、印象に残っている自衛隊の仕事や活動はあるだろうか。思い出してみよう。

✓憲法を改正するときに必要となる国民投票の内容について、詳細を調べてみよう。

5時間目

「個人の尊重」って何だろう

第3章 国民の権利及び義務

原文

第十条 **〔国民たる要件〕** 日本国民たる要件は、法律でこれを定める。

第十一条 **〔基本的人権〕** 国民は、すべての基本的人権の享有を妨《さまた》げられない。この憲法が国民に保障する基本的人権は、侵すことのできない永久の権利として、現在及び将来の国民に与《あた》へられる。

第十二条 **〔自由及び権利の保持義務と公共福祉《ふくし》性〕** この憲法が国民に保障する自由及び権利は、国民の不断の努力によつて、これを保持しなければならない。又、国民は、これを濫用《らんよう》してはならないのであつて、常に公共の福祉のためにこれを利用する責任を負ふ。

第十三条 **〔個人の尊重と公共の福祉〕** すべて国民は、個人として尊重される。生命、自由及び幸福追求に対する国民の権利については、公共の福祉に反しない限り、立法その他の国政の上で、最大の尊重を必要とする。

第十四条 **〔平等原則、貴族制度の否認及び栄典の限界〕** すべて国民は、法の下に平等であつて、人種、信条、性別、社会的身分又は門地《もんち》により、政治的、経済的又は社会的関係において、差別されない。
2　華族《かぞく》その他の貴族の制度は、これを認めない。
3　栄誉、勲章《くんしょう》その他の栄典の授与は、いかなる特権も伴《ともな》はない。栄典の授与は、現にこれを有し、又は将来これを受ける者の一代に限り、その効力を有する。
第十五条**〔公務員の選定罷免《ひめん》権、公務員の本質、普通選挙の保障及び投票秘密の保障〕**公務員を選定し、及びこれを罷免することは、国民固有の権利である。
2　すべて公務員は、全体の奉仕者《ほうししゃ》であつて、一部の奉仕者ではない。
3　公務員の選挙については、成年者による普通選挙を保障する。
4　すべて選挙における投票の秘密は、これを侵してはならない。選挙人は、その選択《せんたく》に関し公的にも私的にも責任を問はれない。
第十六条**〔請願《せいがん》権〕**何人も、損害の救済、公務員の罷免、法律、命令又は規則の制定、廃止《はいし》又は改正その他の事項に関し、平穏《へいおん》に請願する権利を有し、何人も、かかる請願をしたためにいかなる差別待遇《たいぐう》も受けない。
第十七条**〔公務員の不法行為による損害の賠償《ばいしょう》〕**何人も、公務員の不法行為により、損害を受けたときは、法律の定めるところにより、国又は公共団体に、その賠償を求めることができる。
第十八条**〔奴隷的拘束《どれいてきこうそく》及び苦役《くえき》の禁止〕**何人も、いかなる奴隷的拘束も受けない。又、犯罪に因《よ》る処罰《しょばつ》の場合を除いては、その意に反する苦役に服させられない。

第十九条〔**思想及び良心の自由**〕思想及び良心の自由は、これを侵してはならない。

第二十条〔**信教の自由**〕信教の自由は、何人に対してもこれを保障する。いかなる宗教団体も、国から特権を受け、又は政治上の権力を行使してはならない。

2 何人も、宗教上の行為、祝典、儀式又は行事に参加することを強制されない。

3 国及びその機関は、宗教教育その他いかなる宗教的活動もしてはならない。

第二十一条〔**集会、結社及び表現の自由と通信秘密の保護**〕集会、結社及び言論、出版その他一切の表現の自由は、これを保障する。

2 検閲《けんえつ》は、これをしてはならない。通信の秘密は、これを侵してはならない。

第二十二条〔**居住、移転、職業選択、外国移住及び国籍離脱《こくせきりだつ》の自由**〕何人も、公共の福祉に反しない限り、居住、移転及び職業選択の自由を有する。

2 何人も、外国に移住し、又は国籍を離脱する自由を侵されない。

第二十三条〔**学問の自由**〕学問の自由は、これを保障する。

第二十四条〔**家族関係における個人の尊厳と両性の平等**〕婚姻《こんいん》は、両性の合意のみに基いて成立し、夫婦《ふうふ》が同等の権利を有することを基本として、相互の協力により、維持されなければならない。

2 配偶者《はいぐうしゃ》の選択、財産権、相続、住居の選定、離婚並びに婚姻及び家族に関するその他の事項に関しては、法律は、個人の尊厳と両性の本質的平等に立脚《りっきゃく》して、制定されなければならない。

第二十五条〔**生存権及び国民生活の社会的進歩向上に努める国の義務**〕すべて国民は、健康で文化的な最低限度の生活を営む権利を有する。
2　国は、すべての生活部面について、社会福祉、社会保障及び公衆衛生の向上及び増進に努めなければならない。
第二十六条　**〔教育を受ける権利と受けさせる義務〕**　すべて国民は、法律の定めるところにより、その能力に応じて、ひとしく教育を受ける権利を有する。
2　すべて国民は、法律の定めるところにより、その保護する子女に普通教育を受けさせる義務を負ふ。義務教育は、これを無償とする。
第二十七条　**〔勤労の権利と義務、勤労条件の基準及び児童酷使《こくし》の禁止〕**　すべて国民は、勤労の権利を有し、義務を負ふ。
2　賃金、就業時間、休息その他の勤労条件に関する基準は、法律でこれを定める。
3　児童は、これを酷使してはならない。
第二十八条　**〔勤労者の団結権及び団体行動権〕**　勤労者の団結する権利及び団体交渉《こうしょう》その他の団体行動をする権利は、これを保障する。
第二十九条　**〔財産権〕**　財産権は、これを侵してはならない。
2　財産権の内容は、公共の福祉に適合するやうに、法律でこれを定める。
3　私有財産は、正当な補償の下に、これを公共のために用ひることができる。
第三十条　**〔納税の義務〕**　国民は、法律の定めるところにより、納税の義務を負ふ。

第三十一条〔**生命及び自由の保障と科刑《かけい》の制約**〕何人も、法律の定める手続によらなければ、その生命若しくは自由を奪《うば》はれ、又はその他の刑罰を科せられない。

第三十二条〔**裁判を受ける権利**〕何人も、裁判所において裁判を受ける権利を奪はれない。

第三十三条〔**逮捕《たいほ》の制約**〕何人も、現行犯として逮捕される場合を除いては、権限を有する司法官《かん》憲《けん》が発し、且《か》つ理由となつてゐる犯罪を明示する令状によらなければ、逮捕されない。

第三十四条〔**抑留《よくりゅう》及び拘禁の制約**〕何人も、理由を直ちに告げられ、且つ、直ちに弁護人に依頼《いらい》する権利を与へられなければ、抑留又は拘禁されない。又、何人も、正当な理由がなければ、拘禁されず、要求があれば、その理由は、直ちに本人及びその弁護人の出席する公開の法廷《ほうてい》で示されなければならない。

第三十五条〔**侵入《しんにゅう》、捜索《そうさく》及び押収《おうしゅう》の制約**〕何人も、その住居、書類及び所持品について、侵入、捜索及び押収を受けることのない権利は、第三十三条の場合を除いては、正当な理由に基いて発せられ、且つ捜索する場所及び押収する物を明示する令状がなければ、侵されない。

2　捜索又は押収は、権限を有する司法官憲が発する各別の令状により、これを行ふ。

第三十六条〔**拷問《ごうもん》及び残虐《ざんぎゃく》な刑罰の禁止**〕公務員による拷問及び残虐な刑罰は、絶対にこれを禁ずる。

第三十七条〔**刑事被告人《ひこくにん》の権利**〕すべて刑事事件においては、被告人は、公平な裁判所の迅速《じんそく》な公開裁判を受ける権利を有する。

2　刑事被告人は、すべての証人に対して審問《しんもん》する機会を充分《じゅうぶん》に与へられ、又、公費で自己のために強制的手続により証人を求める権利を有する。

3　刑事被告人は、いかなる場合にも、資格を有する弁護人を依頼することができる。被告人が自らこれを依頼することができないときは、国でこれを附《ふ》する。

第三十八条 **〔自白強要の禁止と自白の証拠《しょうこ》能力の限界〕** 何人も、自己に不利益な供述を強要されない。

2　強制、拷問若しくは脅迫《きょうはく》による自白又は不当に長く抑留若しくは拘禁された後の自白は、これを証拠とすることができない。

3　何人も、自己に不利益な唯一《ゆいいつ》の証拠が本人の自白である場合には、有罪とされ、又は刑罰を科せられない。

第三十九条 **〔遡及《そきゅう》処罰、二重処罰等の禁止〕** 何人も、実行の時に適法であつた行為又は既《すで》に無罪とされた行為については、刑事上の責任を問はれない。又、同一の犯罪について、重ねて刑事上の責任を問はれない。

第四十条 **〔刑事補償〕** 何人も、抑留又は拘禁された後、無罪の裁判を受けたときは、法律の定めるところにより、国にその補償を求めることができる。

現代語訳

第十条〔**国民たる要件**〕日本国民である条件は、国籍法という法律で定められています。

第十一条〔**基本的人権**〕すべての国民は、人が人として生きる権利、人間らしく生きる権利である基本的人権を生まれながらに持ち、それをだれかに妨げられることはありません。日本国憲法が国民に保障する基本的人権は、たとえ国でも侵すことのできない永久の権利として、現在と将来の国民に与えられます。

第十二条〔**自由及び権利の保持義務と公共福祉性**〕日本国憲法が国民に保障する自由や権利は、国民が普段から絶えず努力することによって、守っていかなくてはなりません。また、国民は、この権利や自由を自分勝手にむやみに用いてはいけません。常に社会全体の利益や幸福のためにこれを利用する責任を負わなければなりません。

第十三条〔**個人の尊重と公共の福祉**〕すべての国民は、個人として尊重されます。生命、自由および幸福を追求する国民の権利は、社会全体の利益や幸福を損なわない限り、立法や政治を行う上で、最大限に尊重されます。

第十四条〔**平等原則、貴族制度の否認及び栄典の限界**〕すべての国民は、生まれながらに法の下に平等です。人種、思想・信条、性別、社会的身分、出身や家柄によって、政治的、経済的または社会的に差別されません。

2　特権階級である華族（大日本帝国憲法時代の公・侯・伯・子・男の爵位を持つ者とその家族）、その他の貴族制度は認められません。
3　名誉のしるしとして授けられる勲章などには、何の特権もありません。この名誉は、世襲されるものではなく、一代限りの効力しかありません。
第十五条〔**公務員の選定罷免権、公務員の本質、普通選挙の保障及び投票秘密の保障**〕国会議員や地方公共団体の長や議員といった公務員を選んだり、免職させることは、国民の当然の権利です。
2　国家公務員も地方公務員も、すべての公務員は、国民全体の幸福のために奉仕する存在であり、自分の利益や一部の人の利益のために存在するわけではありません。
3　公務員の選挙は、財産・納税額・宗教などによって制限されることなく、すべての成人（満十八歳以上の人）に選挙権を認める普通選挙によってなされます。
4　選挙での投票の秘密は、これを侵してはいけません。有権者は、だれに投票したとしても、あるいは棄権したとしても、その選択の自由に関して、責任を問われることはなく、公的に刑罰を受けたり、私的に解雇や損害賠償請求などを受けたりすることはありません。
第十六条〔**請願権**〕国民のだれもが、損害に対する救済、不正の疑いのある公務員の免職、法律や命令または規則の制定・廃止・改正といった、様々な要望を平穏な手段で申し出る権利を持っています。そのような申し出をしたことによって、だれも国や公共団体などから差別を受けるようなことはありません。

第十七条**〔公務員の不法行為による損害の賠償〕**国民のだれもが、公務員の不法行為によって損害を受けたときは、国家賠償法などの法律に基づき、国や公共団体に、その損害賠償を求めることができます。

第十八条**〔奴隷的拘束及び苦役の禁止〕**国民のだれもが、奴隷のように身体を拘束されることはありません。また、犯罪による刑罰の場合を除いて、自分の意思に反して強制的に苦しい労働をさせられることはありません。

第十九条**〔思想及び良心の自由〕**心の中で何を考え、何を正しいと思うかは、その人の自由です。たとえ国であっても、特定の思想や考えを押しつけて、個人の心の自由を侵害することはできません。

第二十条**〔信教の自由〕**どんな宗教を信じることも、または信じないことも自由で、それはすべての国民に保障されます。どんな宗教団体でも、国から特別な扱いを受けたり、政治権力をふるうことはしてはなりません。

2　国民のだれもが、宗教上の行為や儀式などに参加することを、国や地方公共団体から強制されることはありません。

3　国や地方公共団体などの公的機関は、宗教に対して中立的であるべきです。特定の宗教を信じさせるような教育、または批判するような教育を行ったり、公費を使って特定の宗教を支援するなど、どんな宗教的活動も行ってはいけません。

第二十一条**〔集会、結社及び表現の自由と通信秘密の保護〕**国民のだれもが、自由に集会を開いたり、団体や組織をつくることができます。個人が意見を話したり書いたりすることや、本を出すこと、芸術作品を発表することなど、あらゆる表現の自由は保障されます。

2　発表前の出版物や芸術作品などを、国が強制的に調べたり、変更させることはできません。個人の手紙やメール、電話の内容といった通信上の秘密も守られなければなりません。

第二十二条**〔居住、移転、職業選択、外国移住及び国籍離脱の自由〕**国民のだれもが、社会全体の利益や幸福を損なわない限り、どこに住んでも、どこに引っ越しても、どんな職業を選んでも、その人の自由です。

2　国民のだれもが、外国に移住することも、日本国籍を離れて別の国籍を得ることも自由です。

第二十三条**〔学問の自由〕**国は、好きな学問を研究して発表できる自由を保障します。また、何を教えるかも自由です。

第二十四条**〔家族関係における個人の尊厳と両性の平等〕**結婚は、本人たちの合意だけで成立します。夫婦が平等の権利を持つことを基本として、お互いの協力により、家庭を維持しなければなりません。

2　結婚相手選び、財産の権利、遺産相続の配分、住まい選び、その他の離婚・結婚・家族に関する法律は、個人の尊厳や夫と妻が平等であることに基づいて、つくられなければなりません。

第二十五条**〔生存権及び国民生活の社会的進歩向上に努める国の義務〕**すべての国民には、健康で人間らしい、最低限度の生活を送ることのできる権利があります。
2　国は、国民の衣食住その他の生活のあらゆる面で、社会福祉（社会的に弱い立場にある人の生活を守り助けること）、社会保障（社会全体で国民生活の安定をはかっていくこと）、公衆衛生（国民全体の健康や清潔な環境を保つこと）の向上と増進に努めなければなりません。
第二十六条**〔教育を受ける権利と受けさせる義務〕**すべての国民には、教育基本法や学校教育法などの法律に基づき、それぞれの能力に応じた教育を受ける権利があります。
2　すべての国民には、教育基本法などの法律に基づき、保護者として自分の子どもを小中学校に通わせ、社会で生きるために必要な力をつける普通教育を、子どもに受けさせる義務があります。国が行う小中学校の義務教育は、無償とします。
第二十七条**〔勤労の権利と義務、勤労条件の基準及び児童酷使の禁止〕**すべての国民には、労働する権利があり、労働する義務もあります。
2　賃金、就業時間、休息などの労働条件に関する最低基準は、労働基準法などの法律で定めています。
3　一定の年齢に満たない児童を働かせたり、酷使したりしてはいけません。
第二十八条**〔勤労者の団結権及び団体行動権〕**労働者が団結して労働組合をつくる団結権、会社と労働条件などについて交渉する団体交渉権、労働者の要求を通す手段として、ストライキなどの実力行使（争議行為）に出る団体行動権（争議権）、これらの労働三権は、労働者の生活を守るための権利として保障されます。

第二十九条〔**財産権**〕財産を持つ権利やそれを自由に使う権利は、だれも奪うことはできません。

2　財産権の内容は、時代によって移り変わる社会全体の利益や幸福のためになるよう、国会の制定する法律で規制することができます。

3　国や地方公共団体は、公共事業による立ち退きなどで、正当な補償（損失を代償する金銭や権利を与えること）を行えば、個人の財産を公共のために使うことができます。

第三十条〔**納税の義務**〕国民には、国会が制定する法律にしたがって、税金を納める義務がありま す。

第三十一条〔**生命及び自由の保障と科刑の制約**〕国民のだれもが、法律の定める手続きによらなければ、自由を奪われたり、死刑、懲役、罰金などの刑罰を科せられたりすることはありません。

第三十二条〔**裁判を受ける権利**〕国民のだれもが、自分の利益や権利が違法に侵害されたとき、裁判所に訴えて、裁判所の公正な判断を求めることができます。この裁判所で裁判を受ける権利を、奪われることはありません。

第三十三条〔**逮捕の制約**〕国民のだれもが、現行犯の場合を除いて、裁判官が逮捕理由をはっきりと示した逮捕令状がなければ、逮捕されることはありません。

第三十四条〔**抑留及び拘禁の制約**〕国民のだれもが、理由も告げられず、弁護士を依頼する権利も与えられないまま、いきなり抑留（身体の短期間の拘束）、拘禁（身体の継続的な拘束）されることはありません。また、どんな人も、正当な理由がなければ、拘束されることはありません。検察は、本人などからの要求があれば、拘束の理由を、本人と弁護士の出席する公開の法廷で示さなければなりません。

第三十五条〔**侵入、捜索及び押収の制約**〕国民のだれもが、警察や検察などによって、むやみに住居に侵入されたり、家の中を捜索されたり、書類や所持品を押収されて調べられたりすることはありません。ただし、第三十三条の現行犯で逮捕された場合と、裁判官が正当な理由があると判断して発行した令状がある場合には、捜索や押収を受けます。

2　捜索や押収は、裁判所が発行する令状によって行われます。

第三十六条〔**拷問及び残虐な刑罰の禁止**〕警察官・検事、刑務官などの公務員による拷問や残虐な刑罰は、絶対に禁止します。

第三十七条〔**刑事被告人の権利**〕刑法の適用を受ける刑事事件では、被告人（罪を犯した疑いにより検察官から起訴された人）は、公正な裁判で迅速な公開裁判を受ける権利があります。

2　被告人は、裁判ですべての証人に対して、十分に問いただす機会を与えられます。また、国の費用によって、自分に有利な証人を強制的に呼び出す権利も認められています。

3　被告人は、どんな場合でも、弁護士を依頼することができます。経済的な理由などで、被告人が弁護士を依頼できない場合は、国が選んだ弁護人をつけます。

第三十八条〔**自白強要の禁止と自白の証拠能力の限界**〕被告人には、黙秘権が認められているため、自分にとって不利益なことを無理に話す必要はありません。
2　被告人が、肉体的な拷問や心理的な脅迫などによって、強制的にさせられた自白（自分にとって不利益な事実を自ら告白すること）、不当に長く身柄を拘束された後の自白は、真実だと疑わしく、犯罪の証拠にすることができません。
3　被告人にとって不利な証拠が本人の自白のみの場合は、被告人が有罪にされたり、刑罰を科せられることはありません。
第三十九条**〔遡及処罰、二重処罰等の禁止〕**　国民のだれもが、それを実行したときには合法だった行為を、後からできた法律に違反しているからといって、さかのぼって処罰されることはありません。すでに判決で無罪と決まった行為を、変更して改めて有罪とすることは禁止されています。また、同じ犯罪について、有罪となった判決に加えて、新たな別の有罪判決を言い渡し、二重に処罰することはできません。
第四十条**〔刑事補償〕**　被告人が、抑留・拘禁によって身体を拘束された後で、裁判によって無罪判決を受けたときは、被告人が受けた精神的・肉体的苦痛や経済的損失の償《つぐな》いとして、国に賠償金を要求することができます。

解説

◆基本的人権とは何か？

▼いろいろな自由の「束」。それが基本的人権

日本国憲法を含めた憲法では、人が生まれながらに持っている普遍的な権利として、「基本的人権」を保障しています。**基本的人権は、国家や憲法に先立ち、すべての人に認められます。そして、国家権力によって侵害されることのない権利**です。

日本国憲法の第三章には、「職業選択の自由」や「結婚の自由」といったように、国民に保障された様々な自由や権利が登場します。それらをまとめて、「基本的人権」と名づけているのです。基本的人権とは、いろいろな自由が束になったものだと言えるでしょう。

とはいっても、いつでもどこでも、好き勝手に行動してよいわけではありません。

たとえば、「表現の自由だ」といって、ＳＮＳでだれかを差別するような発言や発信をしたり、相手が知られたくないことを暴露するのは、許されることではありません。

たしかに、憲法には「表現の自由」が保障されています。「自分が思ったことを好きに表現できないのは人権侵害じゃないか」という意見もあるでしょう。しかし、自由を盾にどんなことでも表現していいかといえば、それは違います。

なぜならば、他者の人権を侵害する可能性があるからです。自由権が保障されていても、それが他者の人権を脅かす場合は制限を受けるのです。

日常生活の中でも、私たちは同じようなことを経験しています。

たとえば、電車ではみんなで譲り合って座りますね。私たちはふだんこうやって、他の人に迷惑をかけないようにしながら社会生活を送っています。自由と権利は、他者の人権を侵害しないように考えた上で行使することが大事なのです。

▼「健康で文化的な最低限度」のラインはどこ？

日本国憲法では、第三章の第二十五条で、私たち国民が「健康で文化的な最低限度の生活」を送ることを保障しています。

第二十五条（一部）すべて国民は、健康で文化的な最低限度の生活を営む権利を有する。

ところで、「健康で文化的な最低限度の生活とはどのような生活なのか」と考えてみてください。具体的にイメージできそうな気がするものの、どうしてもわかりづらいですよね。人の感覚は多様ですから、意見が分かれる部分もたくさん出てきそうです。

それでも、私たちは日々の社会生活を通して、「これくらいが標準だよね」、あるいは「最低限度とはこれくらいだよね」という基本的なイメージを、感覚的に共有しているでしょう。

そしてその感覚は、時代とともに変わっていきます。

たとえば、かつて昭和の時代には「生活保護を受けている人がクーラーを使うのは贅沢だ」という考えがありました。夏場の冷房といえば、一般家庭では扇風機がせいぜい。冷房の効いたデパートやタクシーの車内に入ると、その涼しさに喜んだものです。

しかし今では、夏場の冷房機器の使用は一般的になりました。

それが**今の時代の「最低限度の生活」――つまり、標準的な価値基準**だということです。

厚生労働省も二〇一八年に生活保護の実施要領を改正し、一定の条件を満たす人には、エアコンなどの冷房機器の購入費と設置費用の支給を認めるようになりました。

また現代の生活と、スマートフォンやパソコンなどのデジタル機器は切り離せません。そのため、今後これらが「最低限度の生活」のラインに浮上してくる可能性は高いでしょう。

◆法の下の平等とは何か?

▼正当な理由なく差別されないことが守られている

第十四条(一部)すべて国民は、法の下に平等であつて、人種、信条、性別、社会的身分又は門地《もんち》により、政治的、経済的又は社会的関係において、差別されない。

法の下の平等とはどんな状況を指すのか。それは、それ以前の状態――つまり大日本帝国憲法下の社会を想像すると、わかりやすくなります。

たとえば大日本帝国憲法では、男性と女性の権利に大きな差がありました。それは戦前の民法が、家制度の下で制定されたものだったためです。

女性には、選挙への立候補、投票（参政権）、親などから財産を引き継ぐ権利（相続権）が認められてはいませんでした。他にも、家父長制度の導入や、良妻賢母教育の徹底が男女格差を広げたとされています。日本には様々な差別がありました。そのような反省もあり、日本国憲法では差別は一切しないと宣言しています。

今の私たちにとっては「当たり前」と感じることも、昔はそうではありませんでした。今の「当たり前」を獲得するために、多くの人々が苦難を乗り越えてきたのです。

▼合理的な理由のもとに行われるのは「区別」

法の下の平等を理解するときに覚えておきたいのは、正当な理由があった上での「差」は、差別ではないということです。

たとえば、女子校に男子は入学できません。「憲法では男女平等のはずだ、入れないのは差別だ」といくら言っても、女子だけが学べる学校として設立されているので、男子の入学を断る正当な理由があります。これは区別であって、差別ではないのです。

ただし戸籍上は男性でも、性自認は女性であるトランスジェンダーの生徒については、複数の女子大学が入学を受け入れる動きが出てきています。

しかし、男女共学として受験生を集めていながら、実は入試の合格点に男女で区別を設けていた——そのようなケースでは、問題が生じてきます。共学であるという前提で入試が行われたのですから、本来は入試の得点だけを見て合格を判断すべきです。

ところが、男子学生をより多く合格させたいために女子の得点を一律で減点したり、面接試験で男子だけに加点したりして、女子が不利な扱いを受ける。これは差別です。

二〇一八年、これと同様のことが複数の私立大学の医学部入試で起こりました。女子学生や浪人生の入試の得点が、操作されていたことが発覚したのです。文部科学省は、翌年「大学入学者選抜実施要項」を見直し、差別を禁止するルールを設けました。

これは、差別の是正が進んだ一つの事例と言えます。

◆身近な暮らしの中にある「個人の尊重」

▼一・《誕生》生まれながらにして自由が保障される権利

福澤諭吉に聞いてみよう

どの国の憲法も、**「人は生まれたときから自由が保障されている」という前提**でつくられています。

キリスト教を国教とする国では、基本的人権とは神が人々に与えた生まれつきの権利であり、人間が本来持っている性質に由来する、譲ることのできない権利であるとしています。これを天賦《てんぷ》人権説（自然権思想）と言います。

アメリカ独立宣言の一部にも、その思想を表すくだりが出てきます。

> われわれは、以下の事実を自明のことと信じる。すなわち、すべての人間は生まれながらにして平等であり、その創造主によって、生命、自由、および幸福の追求を含む不可侵の権利を与えられているということ。

「人権を神から授かる」という感覚は、少し抽象的で難しいでしょうか。次にご紹介する、福澤諭吉の『学問のすゝめ』の有名な一節を読むと、実感できるかもしれません。

「天は人の上に人を造らず人の下に人を造らず」と言えり。されば天より人を生ずるには、万人は万人みな同じ位にして、生まれながら貴賤《きせん》上下の差別なく、万物の霊たる身と心との働きをもって天地の間にあるよろずの物を資《と》り、もって衣食住の用を達し、自由自在、互いに人の妨げをなさずしておのおの安楽にこの世を渡らしめ給うの趣意なり。

これを平易な日本語に言い換えると、次のようになります。

「天は人の上に人を造らず、人の下に人を造らず」という言葉がある。これは、天から生み出された人というものは、万人が生まれながらにみな平等で、この世にある様々なものを活用して衣食住の用をたし、自由自在に暮らしながらも、他の人の自由を邪魔することなく、それぞれがこの世を幸せに暮らしていけるという意味合いと言える。

実はこの文章も、天賦人権説のことを述べています。彼は明治時代の代表的な啓蒙思想家として、西洋から伝わってきた自由や権利の概念を日本に広めました。

人間は、何かを成しえて初めて自由や人権を獲得できるのではなく、生まれながらにして、個人としてすでにそれらを持っている。

日本国憲法第三章の第十三条は、それを宣言しているのです。

第十三条　すべて国民は、個人として尊重される。生命、自由及び幸福追求に対する国民の権利については、公共の福祉に反しない限り、立法その他の国政の上で、最大の尊重を必要とする。

幸せになる権利は憲法で保障されている

第十三条では、幸福追求の権利――いわゆる「幸福追求権」も保障されています。

幸福追求の権利とは、自由を自分のものとして味わうだけでなく、個人それぞれが「自分はこれが幸福だ」と思えることを追い求める権利です。

テレビドラマや映画などで、「私には幸せになる権利があるの！」という台詞がよく登場しますが、たしかにこれは憲法上でもきちんと保障されている権利なのです。

たとえば、様々な事情で育てることができない赤ちゃんを、親が匿名で預けられる「赤ちゃんポスト（通称）」という仕組みがあります。

二〇〇七年、熊本市の慈恵病院に「こうのとりのゆりかご」という呼称で設置され、二〇二二年五月には、市民団体により北海道にも設置されました。東京都でも、二〇二四年秋の設置が検討されています（出典：毎日新聞デジタル、「東京・江東区に赤ちゃんポスト構想二四年にも、都内の医療法人」）。

道徳や人権の面などいろいろな意見がありますが、赤ちゃんポストは生まれた子どもたちを、まさに「生まれながらに個人として尊重する」目的で設置されたのだと思います。

もしもこのような仕組みがなかったら、子どもを育てられない人が自分だけでどうにかしようとしたあげく、わが子の育児を放棄してしまうといった可能性もゼロではありません。そうなってしまうと、赤ちゃんは個人として尊重されていない状態になります。

生まれた環境がどうであれ、人間には幸福を追求する権利があります。

生命の尊重という意味での最悪の事態を避けるために、「赤ちゃんポスト（通称）」の役目は大きいと言えるでしょう。

▼二．《選挙》投票に関する保障と権利

一般的な有権者の側から見ると、選挙に行くこと（投票）は、何となく国民の義務のようなイメージがあるかもしれません。しかし**投票は、義務ではなく権利**です。これには、日本の選挙権の歴史が大きく関係しています。

大日本帝国憲法の制定当時、選挙権を与えられたのは満二十五歳以上で、直接国税（地租および所得税）を十五円以上納税できる男性に限られていました。これに該当するのは、人口のわずか一・一％でした。つまり、完全な制限選挙だったのです。

その後、大正時代にかけて選挙法は数回改正されましたが、選挙権は依然として男性だけに与えられていました。今のような成人男女による普通選挙が実現したのは、敗戦後、日本国憲法が施行されてからです。

その後、選挙権が得られる年齢は二〇一六年に満十八歳以上に引き下げられました。

このように、過去に制限されてきた歴史があったために、選挙権は義務ではなく権利として保障されています。

第十五条（一部）公務員を選定し、及びこれを罷免することは、国民固有の権利である。
3 公務員の選挙については、成年者による普通選挙を保障する。

一方、選挙を国民の「義務」として定めている国もあります。

投票を国民の権利としている場合、投票に行くかどうかは、国民の意思に任されています。したがって、行かなくても罰則はありません。

しかし、選挙が義務づけられている国では、投票に行かないと罰せられることもあります。たとえば、オーストラリアやベルギー、ブラジル、ウルグアイなどでは罰金が科せられます。ペルーのように公共サービスを制限される国もあります。ギリシャなどでは、場合によっては刑務所に入れられてしまいます（出典：文部科学省「主な投票義務制採用国」）。

投票を国民の義務にすると、投票率が大幅に上がります。それによって投票年齢の偏りが是正され、選挙結果が公平になることが期待できます。また、必ず投票することで、政治に対する関心が高まることにもつながるでしょう。

日本では、選挙のたびに投票率の低さが問題視されていますよね。投票を義務化している他国にならえば、この問題は解決しそうです。

半面、義務化は自由意志を制限することにもつながります。義務化することで、基本的人権の一つである自由権を侵害する可能性があるのです。

政治的な関心を高めることはとても大事ですが、自分で自分の行動を決める自由があることは、大変重要なことなのです。

▼三．《宗教》信教の自由

日本でも宗教受難の時代があった

私たちは普段、気がつかないうちにいろいろな宗教行為をしています。

お正月には神社やお寺に行き、ハロウィンでは仮装し、クリスマスにはケーキを食べる。このように、特定の宗教に強いこだわりを持つことなく、生活の中に溶け込んだライトな宗教行事を楽しんでいる方は多いはずです。

普通に生活する上では何ら問題がなさそうですが、信教の自由が憲法で次のように定められている理由はなぜでしょうか。

第二十条(一部) 信教の自由は、何人に対してもこれを保障する。いかなる宗教団体も、国から特権を受け、又は政治上の権力を行使してはならない。

今では想像しづらいことですが、明治時代の初め、仏教は危機的な状況にありました。天皇に権力が集中した国家をつくりたかった明治政府は、天皇の権威を高めるために、そこに神道を持ってきました。神道とは、日本をつくったとされる神々を祭る、日本の伝統的な宗教です。そして、「天皇は神である」という根拠となる神道こそが、日本を支える柱としての宗教だとしたのです。

明治政府は、仏教色の排除を進める命令を全国に出しました。そして仏像や経文《きょうもん》、仏具など、仏教に関するあらゆるものが破壊されたのです。これは「廃仏毀釈《はいぶつきしゃく》」と呼ばれています。

今はメジャーな仏教ですら、昔は弾圧された歴史があるのです。

基本的に憲法は、欧米の歴史をふまえてつくられています。欧米諸国には宗教による争いがくり返された歴史があり、それは現代の欧米諸国の対立構造とも結びついています。

一般的には、日本は特定の宗教色が薄いと認識されています。ですが、国内に限らず世界に目を向けたとき、無宗教ではなく、特定の宗教を信じる人も相当数いることも忘れてはならないでしょう。

永遠の難題「政教分離」

本来ならば、政治と宗教とは別のことです。そして、これらを区別するのはそれほど難しくないように思われます。ある宗教を信仰する人が国会議員に当選したとしても、議員の仕事と個人の宗教的な行為は、全然違うものだろうと想像できます。

しかし、宗教は人の心の根幹に大きくかかわるものです。宗教を深く信仰していれば、政治的な行為にもその影響が当然現れてくるでしょう。

また、政党が掲げている理想が、ある宗教団体と非常に似通っていて、実質的にはかなりのつながりがあるといった場合、どこまでが政治的活動でどこからが宗教的活動なのか、非常に線引きが難しいです。

少なくとも、その団体の性質がきちんと法に則っているか、反社会的、反日的なものでないかどうか、日本の国益を損なうものではないかをチェックする必要があるでしょう。

日本の歴史を少しさかのぼって、宗教が国益を損なうことの具体例をご紹介しましょう。

一五八七年、豊臣秀吉は日本からキリスト教宣教師を国外追放する命令（バテレン追放令）を出しました。これは、単にキリスト教の布教を禁じるためではなく、ポルトガル商船によって多くの日本人が奴隷として海外に連れていかれている事実を秀吉が重く見たからです。また、キリシタン（キリスト教徒）になった大名の中には、領地をイエズス会に寄付する者まで現れました。秀吉にとっては言語道断です。大名たちが、天下人の自分よりも宗教者のイエズス会の言うことを聞くようになれば、権力者としての地位が脅かされてしまうからです。

仮にキリスト教がそのまま布教されていたら、その後の日本人のありようや日本の行く末は、かなり違ったものになっていたはずです。

大航海時代、ヨーロッパ諸国が海外の国を植民地化していくときには、宗教によってその土地の人たちの精神を強制的に変えていくことが行われました。

古くから受け継がれてきた伝統的な神々ではなく、新しく持ち込んだキリスト教の神を信仰させることで、精神的に支配し、最終的には武力で制圧する。中南米では実際にこのような手法が用いられました。

すぐれた政治能力を持っていた秀吉は、鋭い勘でこれを察知し、追い払ったのです。

宗教に対する制限や弾圧は問題がありますが、その宗教が日本人を奴隷として外国に連れていくことに関係しているならば、政治的判断が求められるでしょう。

▼四.《言論》表現の自由

歴史上、公権力による反体制勢力の弾圧は、世界中で何度も行われてきました。

日本も例外ではありません。政府に抗議するための集会を開いたり、政府に都合の悪い思想を持つ団体を結成したりすれば、逮捕や拘束されることも少なくありませんでした。

一八八七（明治二十）年に公布施行された保安条例は、反政府運動や自由民権運動を弾圧するのに使われました。また、出版物や新聞記事は掲載前に内容を検閲され、政府の方針に合わないものは差し替えられたり、出版や配布を禁じられたりしました。

反対に、政府の印象をよく見せるための記事は強制的に掲載させられました。

明治時代には、社会主義運動への取り締まりが厳しくなりました。

一九一〇年には、明治天皇を暗殺しようとしたという理由で多くの社会主義活動家が逮捕され、ジャーナリストの幸徳秋水《こうとくしゅうすい》らが処刑されました。この出来事は、「大逆事件《たいぎゃくじけん》」と呼ばれます。

戦時中も左翼活動は非合法とされ、左翼団体に所属しているというだけで捕まることすらありました。今は、これらの活動を行う自由が憲法で保障されています。

第二十一条（一部）集会、結社及び言論、出版その他一切の表現の自由は、これを保障する。

たとえばデモ活動は、集会・結社の自由の一つです。デモは、自分たちの団体や集まりがどんな主張を持っているのかをアピールする行為です。デモとは、英語のデモンストレーション（demonstration）の略。デモ行進は、いわば歩く集会のようなものです。

その一つ、性的少数者（ＬＧＢＴＱなど）や支援者が集う「プライドパレード」は、一九七〇年にニューヨークで行われたゲイ解放を訴えるデモ行進をきっかけに始まり、世界中に広がりました。

デモには、政府に反対の意思を示すものもあります。

一九五九年から六〇年にかけて、そして七〇年の二度にわたり、日米安全保障条約の改定に反対する大規模なデモ活動が行われました。条約の内容が、アメリカとの事実上の軍事同盟にあたるとして、連日数十万人が国会議事堂を取り囲んだのです。

それでも、暴力行為をはたらかない限りは、デモに参加しただけで逮捕されたり、拘束されたりすることはありませんでした。

しかし昨今、世界のニュースを見ていると、デモを妨害されたり、無抵抗なのに警察から暴力を受けたりする国が少なくないことがわかります。

表現の自由は、思想の自由、政治的な運動をする自由を保障するものでもあるのです。

▼五.《学び》学問の自由、教育の権利・義務

勘違いされやすい学問の「自由」

第二十三条　学問の自由は、これを保障する。

第二十三条で言う「学問の自由」が対象にしているのは、大学などの高等教育機関です。

研究者たちが、どんな分野でも自由に研究できる環境を守ることを想定しています。

ですから、「テストの勉強をしなくてはいけないけれど、学問の自由があるから、明日やろう」という使い方は、実は正しくありません。つまり、二十三条が表しているのは学問環境のことであって、やる・やらないという意思のことではないのです。

研究活動を行う自由が保障されているのは、公権力がかつて学問の領域に口出しした歴史があるからです。

研究者たちの自由が脅かされた事例を、一つご紹介しましょう。

大日本帝国憲法を、憲法学の面から理論立てていた学説に「天皇機関説」があります。国家を一つの法人（法律上、人のように権利と義務が定められた存在）と見立てたとき、国会、内閣、裁判所などは、その中で役割を果たす機関（組織）と捉えることができます。

そして天皇もまた、同様に国家という法人の中の一機関と考えることができます。この学説は、憲法学者の美濃部達吉らが主張し、明治時代の憲法学で広く認められていました。ところが一九三五年の貴族院本会議で、この解釈が天皇に対して敬意を欠いていると非難されたのです。

当時の首相や文部大臣は、学説の論議は学者に委ねるべきだとしました。しかし、軍部の中には学説を十分に理解せず、「天皇を機関車や機関銃にたとえるとは何事か」と、いきり立つ者まで出るありさまでした。

この事件は軍部の勢力争いに利用され、美濃部の著書は政府によって発売禁止の処分を受けました。また、天皇機関説を教えることも禁じられました。

権力を持った者は、自分に都合のいいように物事を変えてしまおうとすることがあります。国の歴史や、学説もしかりです。

学問の自由があることによって、今の研究者たちは、権力者の圧政や妨害を受けずに自由に研究や発表をすることができるのです。

だれにとっての「義務教育」？

教育についてはもう一つ、大事な視点があります。義務教育に関することです。

親が子どもにお説教をするときの決まり文句に、「大人は仕事に行くのが義務、子どもは学校に行くのが義務（だからちゃんと勉強しなさい）」のようなフレーズがあります。

勘違いをしてしまいがちですが、義務教育の「義務」とは、子どもではなく「大人」に課されたものです。親が子どもに教育を受けさせる「義務」がありますよ、という意味なのです。

子どもの立場から見たとき、教育は「義務」ではなく「権利」です。

子どもには、普通教育を受ける「権利」があり、大人にはそれを受けさせる「義務」がある。日本では、中学校卒業まで学校に行かせるのが親としての義務なのです。

親がその義務を怠り、子どもをネグレクトしていた場合などは、児童相談所や自治体が働きかけをして、子どもの学校に行く権利を確保します。

資本主義社会成立の初期、十八世紀の産業革命のころには、子どもに教育を受ける機会を与えず、労働を課すことが世界中で行われてきました。哲学者であり経済学者でもあった、プロイセンのカール・マルクスも、『資本論』の中で長時間にわたる児童労働を非難しています。日本でも同様のことが起こっていました。

そこで日本国憲法では、子どもが教育を受ける権利を保障するために、親にその遂行を義務づけたのです。

第二十六条　すべて国民は、法律の定めるところにより、その能力に応じて、ひとしく教育を受ける権利を有する。

2　すべて国民は、法律の定めるところにより、その保護する子女に普通教育を受けさせる義務を負ふ。義務教育は、これを無償とする。

義務教育は無償です。したがって、小・中学校は現在無償となっています。近年は、高校も就学支援金制度が実施され、実質的な無償化が進んでいます。この流れは大学にまで広がろうとしています。

「お金がないから学校に行けないという状況をつくらない」という段階にまで、教育を受ける権利の範囲が拡大していると言えるでしょう。

▼六.《結婚》結婚の自由、男女の平等

ロミオとジュリエットの悲劇は現代でも起こりうるか

シェイクスピアの戯曲『ロミオとジュリエット』は、敵対する一族同士の男女が恋に落ち、許されない恋の逃避行の結果、最後は行き違いにより命を落としてしまう悲劇の物語です。

お互いの家が反対しているから結婚できない。家の都合で、望まない相手と結婚させられる。昔はこのように、個人の意思よりも家のほうが優先される時代がありました。

かつてヨーロッパの貴族においては、自らの勢力を拡大し一族を繁栄させるために、王族同士の政略結婚は当たり前でした。オーストリアのハプスブルク家に生まれたマリー・アントワネットは、フランスとの同盟関係を深めるために、ルイ十六世と結婚させられました。日本でも江戸時代末期、当時の天皇の妹にあたる和宮親子内親王《かずのみやちかこないしんのう》が、その立場を離れ、江戸幕府第十四代将軍徳川家茂《とくがわいえもち》と結婚しました。幕府は、朝廷と合体（公武合体）することで、低下した権威を取り戻そうとしたのです。

結婚の自由が制限されていたのは、身分の高い者だけではありませんでした。戦前の日本では、結婚といえばお見合いが多数派でした。女性に相手を選ぶ権利はなく、親同士など第三者が決めた相手と結婚することが多かったようです。

その名残は現代の日本にもあります。結婚式に出席すると、案内版には「○○家、××家一同様」のように、家の名前が書かれているのを目にします。「ご両家のみなさま」と始まる披露宴のスピーチも、おなじみですよね。

しかし本当は、**結婚とは、個人と個人の結びつきのこと**です。

そのため、仮に最初の出会いがお見合いであっても、本人が「この人と結婚したい」と望んでいるのなら問題はありません。形式がどうあれ、個人の意思に反していないならよいのです。日本国憲法には次のようにあります。

第二十四条（一部）　婚姻《こんいん》は、両性の合意のみに基いて成立し、夫婦《ふうふ》が同等の権利を有することを基本として、相互の協力により、維持されなければならない。

このように、両性の合意のみによって結婚が成り立つ世の中であったなら、ロミオとジュリエットも、あんな悲劇になることなく一緒になれたでしょう。

女性の人権回復に貢献した一人のアメリカ人女性

一二〇ページでもご説明したように、日本国憲法が制定される以前、女性の人権は大きく制限されていました。

この反省をふまえ、**日本国憲法第十四条では、不合理な理由による法の下における人々（特に男女）の取り扱いの違い（差別）を禁止**しています。

戦後、憲法のＧＨＱ草案の中の平等に関する条項（第十四条、第二十四条）を作成したのは、当時二十代のアメリカ人女性、ベアテ・シロタ・ゴードンでした。オーストリアのウィーンで生まれ、ユダヤ系ウクライナ人の父母を持つ彼女は、少女時代を日本で過ごした経験から、日本の女性が置かれた状況をよく知っていました。

草案作成にあたって、彼女は女性や子どもの権利を詳細に規定しました。第二十四条の草案には、親や男性の絶対的な支配から脱すべき、と主張する彼女の言葉が書かれています。

第一四七回国会 参議院憲法調査会 第七号（一部）

家庭は、人類社会の基礎であり、その伝統は、善きにつけ悪しきにつけ国全体に浸透する。それ故、婚姻と家庭とは、両性が法律的にも社会的にも平等であることは当然であるとの考えに基礎を置き、親の強制ではなく相互の合意に基づき、かつ男性の支配ではなく両性の協力に基づくべきことをここに定める。これらの原理に反する法律は廃止され、それに代わって、配偶者の選択、財産権、相続、本居の選択、離婚並びに婚姻及び家庭に関するその他の事項を、個人の尊厳と両性の本質的平等の見地に立って定める法律が制定さるべきである。

（出典：参議院憲法審査会ホームページ）

残念ながら、彼女の草案の多くは憲法の条文に採用されませんでした。しかし、大日本帝国憲法にはなかった「平等」という言葉が日本国憲法に入ったことには、大きな意味がありました。

価値観が多様化する時代、同性婚について考える

日本における性的少数者（ＬＧＢＴＱなど）の割合は、約三～一〇％と言われています。少数者と言っても、実感としては決して少なくない割合ですよね。

今の憲法では、同性婚を禁じたり、排除したりしているわけではありませんが、同性婚についてきちんと想定もされていない状況です。というのも、**憲法制定当時、婚姻に関する言及がされている第二十四条は、異性婚を前提とした規定**だったからです。

「両性の合意」という言葉は、文字上の解釈だけで見れば「両性＝両方の性＝男女」となり、「同性」は認めない、だから同性婚は認められないのだ、とも読めます。

憲法の主旨は、「他のだれでもない、だれからの強制でもない、個人の意思を尊重する」ことが出発点です。

もしもこの先、時代が「同性婚を認めよう」という流れになっていけば、事態は変わる可

能性はあります。

そしていざ、同性婚を認めようとなった場合、選択肢は二つ挙げられます。

一つは、憲法そのものを改正すること。もう一つは、憲法の条文はそのままで、その解釈を広げていくことです。

後者については、「両性」の解釈を、今の「男女＝異なる二つの性」から「男同士、女同士＝同じ性も含まれる二つの性」とする。個人の意思を尊重して、結婚したい当人同士が合意すれば認めることにするのです。

すでに地方公共団体の中には、事実婚やパートナーシップを認めるところが存在します。今の状況を見ていると、最終的には、同性婚を認めるような流れになっていきそうですね。

▼七.《勤労》働く権利、仕事を選ぶ自由

性別による「職業の壁」

かつて仕事は、基本的には親の仕事を引き継いで行うものでした。江戸時代にさかのぼると、身分ごとに、武士は武士、町人は町人、農民は農民の仕事というものがあり、人々はその範囲の仕事を担っていました。

ただし、二〇二四年度から新一万円札の顔となる渋沢栄一のように、農民から武士に取り立てられることもあったようです。

また、女性には就くことが難しい仕事も存在しました。

明治時代初期、女性が医師になる道は閉ざされていました。当時、医師は男性の職業だったのです。その道を切り開き、日本人女性で初めての医師となったのが荻野吟子《おぎのぎんこ》でした。

吟子は東京女子師範学校（今のお茶の水女子大学）を卒業後、医学校への入学を目指しました。しかし「女人禁制」であると断られ、ようやく受け入れてくれたのは私立の医学校でした。

修学を終えた彼女は、医師となるための試験に出願しました。しかし、女性であることを理由に何度も却下されました。

横浜の実業家である高島嘉右衛門《たかしまかえもん》は、そんな彼女に同情し、衛生局（今の厚生労働省）の局長であった長与専斎《ながよせんさい》を紹介しました。軍医の石黒忠悳《いしぐろただのり》も、彼女が受験できるように長与局長を説得しました。

本人の熱意と支援者の援助により、やっとのことで受験が許され、彼女は見事合格を勝ち取ります。そして一八八五年、東京都の湯島に産婦人科荻野医院を開業しました。医師を志してから、十五年後のことでした。

現在は、性別による職業の壁はどんどん撤廃されています。「○○初」という言葉がなくなったとき、文字通りの職業選択の自由が実現するでしょう。

「自称」できる職業の範囲

職業選択の自由が保障されていれば、自分がどんな仕事を目指し、どんな職業に就きたいか自由に選ぶことができます。

> 第二十七条（一部）すべて国民は、勤労の権利を有し、義務を負ふ。

たとえば、「コピーライターになりたい」と思ったら、自分で名乗ればその日からコピーライターになることができます。

しかし、勝手に税理士を名乗って名刺を配ることは違法です。

実際にその仕事をいつ、どこで、どのように行うかを「遂行」と言います。憲法上では、その職業に就くために資格が必要なものに関しては、遂行の次元で制限が設けられています。

税理士になるには国家試験を突破して、税理士資格を取得する必要があります。また、美容師のように資格を取った上で、都道府県知事へ開業の届け出が必要な職業もあります。

勤労の権利と義務、その違いとは？

「勤労の権利」とは、一言で表すならば、働く人の権利を守るためのものです。

たとえば、仕事をしたいのに働き口が見つからない場合、公的な組織が仕事先を探してくれる。このように、働く権利が保障されることが、勤労の権利です。

「ハローワーク」という言葉を聞いたことがあるでしょう。ハローワーク（公共職業安定所）は、国民が仕事を失ったり、就業の機会がなくなったりすることなく、すべての人の働く権利を保障するため、国が公的なサービスとして設けている機関です。

また、**働いている人が簡単に解雇されないようにすることも、勤労の権利**です。

アメリカでは、エレベーターの中でボスの質問にうまく答えられなかったら「You are fired！（お前はクビだ！）」と言われて解雇された、などという話がよくあります。

二〇二二年十一月、アメリカのＴｗｉｔｔｅｒ社を買収した実業家のイーロン・マスク氏が、同社社員の大量解雇を行いました。解雇のメールを受け取った社員は、その日から会社のパソコンへのアクセスや社内アカウントのメールなどが使えなくなりました。アメリカ本国だけでなく、日本法人でも解雇者が発生したことがメディアで報じられました。

これが日常茶飯事になると、働く人の身分が非常に不安定になります。せっかくやる気を持ってその会社や組織に入ったのに、いつ解雇されるかわからない不安定な環境では、しっかり働こうという気になりにくいでしょう。

そこで、働く人たちが自分の立場を守り、安心して働くために、様々な行動を取る権利が保障されています。これが「労働三権（労働基本権。以下、労働三権と表記）」です。**労働三権は、労働組合などを結成する権利（団結権）、雇用者と労働条件などを話し合う権利（団体交渉権）、ストライキを行う権利（団体行動権）の三つ**で成り立っています。

> 第二十八条　勤労者の団結する権利及び団体交渉《こうしょう》その他の団体行動をする権利は、
> これを保障する。

かつて人々は、労働組合をつくって雇用者側と交渉することも許されていませんでした。

労働三権は、資本主義社会での労働者の置かれる立場を説いた、マルクスの『資本論』の影響もあって、働く側が少しずつ勝ち取ってきた権利なのです。

その一方で、憲法には「勤労の義務」も定められています。

とはいうものの、働いていないから罰せられるということは、実際にはありませんよね。

この「勤労の義務」は、第三十条の「納税の義務」とつながりがあります。

国民には、税金を納める義務があります。ただ、こちらはあくまで法律の定めがある（法律の根拠規定がある）場合にのみ、生じることが定められています。たとえば所得税は勤労とセットであり、消費税、贈与税、相続税などは勤労とは別のものです。

第三十条　国民は、法律の定めるところにより、納税の義務を負ふ。

そして国は、国民から納められる税金で成り立っています。国の収入である税金がなければ、国は成り立たなくなってしまう。この事実は一目瞭然です。

そこで憲法上は、働くことを国民の義務として定めているのです。

この場合の「義務」とは、刑法上の罰則が生じるような強制労働を認めるものではありません。あくまで、国民の務めとして「みんなで協力して、自分で働ける人は働いて生活基盤を築いてくださいね」とお願いする意味合いのものです。

そのため、憲法上では「勤労の権利」のほうが強調されていると考えてよいでしょう。


紆余曲折をたどってきた労働者の権利……これ以上、歴史に逆行してはならない

戦後も、日本では働く人たちが団結して、労働条件の改善や雇用の安定などを目指した運動が続けられてきました。ボーナスや有給休暇の獲得、週休二日制などが実現しているのも、人々の地道な運動の成果と言えます。

しかし、ここ二十年ほどの日本では、働く人の立場がどんどん不安定になり、これまで獲得してきた権利が縮小されてきたように思えます。

そのきっかけは、日本に「リストラ」という言葉が登場したことです。

このとき、日本社会は大きな転換点を迎えました。

リストラとは、英語のrestructuring（リストラクチュアリング）の略語で、もとは「再構築」という意味の単語です。

一九九〇年代、バブル経済の崩壊で企業は生き残りをかけ、事業の見直しと社員の整理を始めました。企業に必要とされる社員を残し、他は配置転換をしたり、退職をすすめたりす

る企業が続出したのです。これは、それまでの日本社会では考えられなかったことでした。

なぜなら日本企業は、倒産しない限りは社員を定年まで雇う「終身雇用」が普通だったからです。

同じく不況だった一九七〇年代にも、社員の整理解雇（当時はリストラという言葉はありませんでした）は行われていました。

しかし、当時は社員を一人解雇するだけでも、その正当性を争って裁判が行われました。働く人たちの権利を守ろうとする動きが、社会に色濃く存在したのです。

その後、いつの間にか日本はリストラを名目に、働く人たちをどんどん解雇するようになっていきました。

そこで存在感を増してきたのが、「非正規」という雇用形態です。いわゆる契約社員と呼ばれる立場のことですね。正規雇用（正社員）のような保障がなく、決まった期間が過ぎれば雇用を打ち切られる可能性のある労働者、とも言い換えられます。

私自身も、非正規雇用として大学の非常勤講師を務めた経験があります。非常勤には、常勤のような永続的な仕事の保障がありません。契約更新の際に、「今年度までで結構です」と言われれば、その組織・企業での仕事はおしまいです。実際私は、仕事がゼロになりました。

このような状況を防ぐために、二〇一三年には「有期労働契約の社員を、通算で五年を超えて雇ったら無期転換（無期契約）する」法律が施行されました。

しかし、「やれやれ、これで安心だ」とはいきませんでした。正社員を増やしたくない企業はそれならばと、四年間働かせた後で契約を打ち切ることを始めたのです。

労働問題において、個人が組織と闘うことは非常に厳しいです。労働組合に相談して一緒に対策を考えてもらい、解決にあたらなくてはなりません。

日本ではこの二十年、働く人の権利に関しては、ある意味で歴史に逆行するようなことが行われてきました。この事実は非常に重いです。

▼八．《老後》生活を保障する年金制度

今、若い人たちが心配している年金問題は、第二十五条の第二項と、第二十九条の社会保障制度の一部に当てはまるように思えるかもしれません。

しかし、そこで述べられている「健康で文化的な最低限度の生活」は、生活保護によって保障されているので、年金の問題は少し性質が違ってきます。

年金の問題が当てはまるのは、第二十九条の財産権です。

> 第二十九条　財産権は、これを侵してはならない。
> 2　財産権の内容は、公共の福祉に適合するやうに、法律でこれを定める。
> 3　私有財産は、正当な補償の下に、これを公共のために用ひることができる。

年金制度というのは、基本的には国民のお金を世代ごとに順番にまわしていく仕組みです。自分が若いときに稼いだお金を預ける形で高齢者を養い、自分が高齢者になったときには、若い人たちが稼いだお金で養ってもらう。つまり、自分が稼いだお金が、高齢者になったときに、自分のものとして戻ってくるという相互扶助のシステムなのです。

各年代の人口が同じなら、このシステムには何の問題も起こりません。ところが、予想以上に少子高齢化が進み、日本の予算に占める社会保障費の割合がとても大きくなってしまったため、これまでのような年金制度の維持や運営が難しくなってきているのです。

数字で見てみましょう。一九七〇年には、年金の総額は〇・九兆円で、その割合は社会保障費の二四・三％でした。しかし、約三十年後の二〇一九年には、年金の総額が約五五・五兆円、社会保障費の四四・七％と、驚くほどに増えています。

この結果、今の高齢者世代と現役世代で、受け取れる年金の額の差が広がっています。ここで、財産権の問題が生じるのです。将来受け取るはずだった年金の額が減らされたり、受け取れる年齢が引き上げられたりすることが、財産権の侵害にあたるという指摘が出てきています。

医療の発達や生活環境の向上によって平均寿命が延び、一方で少子化をうまく改善できずにきた結果、今のような状況が生まれてしまいました。

年金の問題がこれからどうなっていくか、予測は難しい。それでも、生活保護制度によって、生活が破綻しないための仕組みは存在しています。

▼九．《その他》勝手に逮捕されない権利

日本で不当逮捕が起こらない理由とは？

かつてのスパイ小説や映画などでは、夜中にコンコンとドアをノックする音がして、ドアを開けたら謎の一団にさらわれる、といった場面が登場します。

そのようなことが実際行われているかどうかはわかりませんが、独裁的な権力を持ってい

る国では、政治批判をした人がでっち上げられた罪を口実に拘束されたり、長い間軟禁状態に置かれたりすることがあります。その後行方知れずになったり、たとえ解放されても、全く別人のようになってしまったりする例も見られます。

しかし日本では、そのような事態は、幸いにもほとんど発生していません。

これは日本で、刑事手続き上の原則や権利がしっかりと認められているからです。

第三十三条　何人も、現行犯として逮捕される場合を除いては、権限を有する司法官憲《かんけん》が発し、且《か》つ理由となつてゐる犯罪を明示する令状によらなければ、逮捕されない。

第三十四条　何人も、理由を直ちに告げられ、且つ、直ちに弁護人に依頼《いらい》する権利を与へられなければ、抑留又は拘禁されない。又、何人も、正当な理由がなければ、拘禁されず、要求があれば、その理由は、直ちに本人及びその弁護人の出席する公開の法廷《ほうてい》で示されなければならない。

この背景には、次の二つの原則が関係しています。

一つは、**人は法律に書かれていることのみによって裁かれるという原則**です。これを「罪刑法定主義《ざいけいほうていしゅぎ》」と言います。どのようなことが犯罪として罰せられ、どのような刑罰が科されるのかを、あらかじめ法律で決めておかなければならないのです。これが成り立っていないと、権力者が適当な理由を挙げて人を逮捕することが可能になってしまいます。つまり、権力の暴走を許してしまうのです。

もう一つは、**事件の捜査や裁判の方法などは、刑事訴訟法の手続きをふまえて行う必要があること**です。

犯罪が発生したら、捜査を開始して被疑者を特定します。逮捕は、現行犯の場合を除いて、裁判所の令状がないと行うことができません。

逮捕した被疑者は、必要があれば警察署に留置され、最長二十日の勾留《こうりゅう》が認められます。その間、警察官や検察官は実況見分《じっきょうけんぶん》や事情聴取を行い、検察官が起訴するかどうかを判断します。

裁判では、裁判官は証拠を調べて審理し、被告人に刑罰を科すべきかどうかを判断し、判決を言い渡します。判決に不服があれば、上級裁判所に申し立てができます。

このように細かい手続きが必要なのは、私たちの基本的人権を守るためなのです。

ただし、日本の警察制度には問題もある

刑事事件は、被疑者を拘束している間に、それまでに集めておいた証拠をつきつけ、起訴に至るのが本来の流れです。

しかしこれまでには、証拠が十分にそろう前に被疑者を拘束して、その上でいろいろと問い詰め、証拠固めをしていくケースも見られました。そのために、勾留期間が延長されていく場合がありました。

日産自動車前会長、カルロス・ゴーン氏の汚職事件では、一〇八日もの勾留が続き、批判が集まりました。前会長はそのことを激しく批判し、保釈中に国外に逃亡しました。だからといって、事件が帳消しになるわけではないのですが……。

ここで一つ気をつけておきたいのは、刑事事件に対する誤解です。

警察は、すべての犯罪者を逮捕するわけではありません。逃亡や証拠隠滅の恐れがないとみなされた人は、身柄を拘束されずに取り調べや裁判を受けます。これを「在宅事件」と言い、年間で発生した事件の六〇~七〇%を占めます。

報道などで時折見る「在宅起訴」は、このように身柄を拘束されずに起訴された状態です。

他方、身柄を拘束される（逮捕される）事件を「身柄事件」と言います。身柄事件は、一

年間に発生する事件のおよそ三〇～四〇％です。そして、逮捕された人のうち、起訴されるのは例年三〇～四〇％程度で、残りの六〇～七〇％は不起訴処分となっています。つまり、身柄を拘束されて起訴されるのは、全体の一〇～一五％程度なのです。

にもかかわらず私たちは、逮捕イコール有罪、起訴イコール有罪だと思い込む傾向にあります。それは、日本では起訴された事件の有罪率が非常に高いからです。

しかし、罪が完全に立証されるまでは無罪と推定される「推定無罪」が、法律の基本原則です。

社会の意識を、「人を世間のムードで勝手に罰してはいけない」という法律の大原則に沿ったものに変えていく必要があるでしょう。

▼十．《その他》国民の義務はたった三つ

ここまで、憲法で保障される様々な国民の権利について見てきました。次は、国民の義務について考えていきます。

憲法に定められた国民の義務は、三つしかありません。

一つ目は、第二十六条の「子どもに普通教育を受けさせる義務」、二つ目は、第二十七条

の**「勤労の義務」、三つ目は、第三十条の「納税の義務」**です。

第二十六条（一部）
2　すべて国民は、法律の定めるところにより、その保護する子女に普通教育を受けさせる義務を負ふ。義務教育は、これを無償とする。
第二十七条（一部）　すべて国民は、勤労の権利を有し、義務を負ふ。
第三十条　国民は、法律の定めるところにより、納税の義務を負ふ。

憲法のことを学んでみて、みなさんもお気づきかもしれませんが、憲法には基本的に「権利」のことばかりが書いてあります。それに比べ、義務は圧倒的に少ないのです。これだけ権利を保障されているのに、たった三つの義務さえ怠ってしまうようなら、権利を行使する資格は認められなくても仕方ないかもしれません。

特に、国を支える上で大切な「納税の義務」について、福澤諭吉は『学問のすゝめ』で次のように語っています。

凡《およ》そ世の中に割合よき商売ありと雖《いえ》ども、運上《うんじょう》を払うて政府の保護を買うほど安きものはなかるべし。世上《せじょう》の有様を見るに、普請《ふしん》に金を費す者あり、美服美食に力を尽す者あり、甚《はなはだ》しきは酒色のために銭を棄《す》て、身代を傾る者もあり、是等《これら》の費《ついえ》を以《もっ》て運上の高《たか》に比較しなば、固《もと》より同日の話に非《あら》ず、不筋《ふすじ》の金なればこそ一銭をも惜むべけれども、道理に於《おい》て出すべき筈《はず》のみならず、これを出して安きものを買うべき銭なれば、思案にも及ばず快く運上を払うべきなり。

これをわかりやすく言い換えると、次のようになります。

世の中にいくら割のいい商売があるといっても、税金を払って政府に保護してもらうことほど安上がりなことはないだろう。世の中の様子を見れば、寄付金にお金をつぎ込む人や、グルメにはしる人、はては酒や色事のためにすべてをなげうって身を滅ぼす人までいる。こんなことに使ったお金と払った税金の額は、もとから比べるべくもない。高級品を買うときには一銭も損をしないようにとお金をけちるものだが、人の道において出すべきお金であるのはもちろん、お得なものを買うためのお金なのだから、あれこれ考えず、気持ちよく税金を払うべきなのだ。

運上とは税金のことを指します。実際に、税金を進んで払いたい人は多くないかもしれませんが、国から守ってもらう部分が大きいのだから、やはり払ったほうがいいと福澤は言っています。

たとえば、社会や国の役に立ちたい、日本の社会はこれではいけない、そう思ったときにできる最大の貢献は、やはり税金を納めることだと言えます。

ためらいなく税金を払い、「自分は働いて税金を納めているのだから、社会に大いに貢献しているんだ」と、自信と誇りを持って生きていくことが、精神衛生上もよいのではないかと私も思います。なぜなら、いくら嫌だと思っても、税金は納めなければならないからです。

それが国民の義務なのです。自分の受け止め方を思いきって変えてみると、違った形で社会を見ることができそうです。

▼十一・《その他》万人の平等を実現する「公共の福祉」

私たちは、みな平等に基本的人権を持っています。このことは、**自分はもちろん、自分以**

外の他の人たちの権利も、同じように保障されていることを示しています。

したがって、自分の権利ばかりを主張して、他の人の権利を侵害してはいけないのです。

そこで出てくる大切な原理が「公共の福祉」です。

第十二条　この憲法が国民に保障する自由及び権利は、国民の不断の努力によつて、これを保持しなければならない。又、国民は、これを濫用《らんよう》してはならないのであつて、常に公共の福祉のためにこれを利用する責任を負ふ。

「公共」とは、人々の自由や権利の集合体と表現できます。そして「福祉」は、すべての人の幸福や公的な援助を達成することです。

お互いの人権が平等に保障されるようにするためには、人権がぶつかり合わないように、それぞれが人権を行使できる範囲を制御して調整する必要があります。

最初のほうで事例として挙げた、混んでいる電車でスペースを譲り合う例や、あるいは雨の日に傘を傾けてすれ違うのと同じような配慮が求められるのです。

▼十二.《その他》多様化する問題と新しい人権

グローバル化や高度情報化、急激な少子高齢化などによって、近年の社会はこれまでにない規模とスピードで変化しています。

そのため、日本国憲法が制定されたおよそ八十年前からは想像もできなかった、様々な問題が生まれてきました。

一例として、プライバシーの問題を考えてみましょう。

インターネットの登場で、様々な情報を世界へ向けて公開できるようになりました。

その黎明期《れいめいき》には、あらゆる情報がむきだしのまま飛び交っていました。有名なロックバンドのヴォーカリストの死亡現場の写真が掲載されたり、企業へのクレームがネットの掲示板で話題になったりしました。

投稿やメッセージには、誹謗中傷もたくさん混ざっていました。投稿者は匿名の「名無し」として、どこのだれなのかを明かす必要なく、好きなように書き込みができる。そんな状況が過激化して様々な事件や問題が起こったため、**個人のプライバシーがどこまで保護されるのか、何がプライバシーにあたるのか**が大きな論争を呼びました。

法律が改正された現在では、「匿名だからバレない」と思って書いたものが誹謗中傷にあたると判断された場合、投稿者や書き手の身元が明らかにされ、罰せられるようになりました。

また、憲法第二十一条で規定されている表現の自由は、かつては主にマスメディアなど、情報の送り手の権利として考えられてきました。表現の自由は、権力者に妨害されずに取材や報道ができることを保障するものだったのです。

第二十一条（一部）集会、結社及び言論、出版その他一切の表現の自由は、これを保障する。

しかし今では、国民が正しい情報を知るための権利として考えられるようになっています。

自分のライフスタイルや趣味、医療など、自分の生活信条について、他の人に介入されずに自分で決める権利（自己決定権）も注目されています。

特に医療分野では、技術の進歩によって様々な選択肢が増えました。その半面、回復の見込みがない終末期の延命措置をどこまで行うか、脳死を人の死と認めるのかといった難しい問題も生まれています。

これらの「新しい人権」は、「後から生み出されたもの」というよりも、基本的人権をその時代に合わせて「後から解釈し直したもの」です。実際に、第十三条の幸福追求権や、第二十五条の生存権を根拠として主張されています。

第十三条　すべて国民は、個人として尊重される。生命、自由及び幸福追求に対する国民の権利については、公共の福祉に反しない限り、立法その他の国政の上で、最大の尊重を必要とする。

第二十五条（一部）　すべて国民は、健康で文化的な最低限度の生活を営む権利を有する。

音楽業界では、人気アーティストが昔ヒットした曲をアレンジして、現代版としてリリースすることがよくありますよね。名曲は、たとえアレンジが変わっても、本質的な楽曲のよさは変わりません。今の時代に合ったバージョンなら、それが一層伝わります。

憲法も同じで、時代によって解釈が変わっても、その本質は変わらないのです。

◆基本的人権を保持するためには何が必要？

「たゆまぬ努力」が欠かせない

憲法は「こうあるべきだ」という理想を掲げる概念的な面と、現実的にそれを行う実用的な面の二つの性質があります。日本では、その両面がきちんと機能していると思います。

一方、世界に目を向けると、憲法には理想的なことが書かれているのに、現実には政府に逆らった人が逮捕されたり、行方不明になったりして、基本的人権が侵害されている国もあります。

これは、いくら憲法で理想的なことを規定していても、それがいつも効力を発揮するとは限らないことを示しています。**国民は、権力を持った者が暴走しないように、常に監視し続けないといけない**のです。

これが、第十二条に定められている「不断の努力」の主旨です。

> 第十二条　この憲法が国民に保障する自由及び権利は、国民の不断の努力によつて、これを保持しなければならない。又、国民は、これを濫用《らんよう》してはならないのであ

って、常に公共の福祉のためにこれを利用する責任を負ふ。

第十二条は、憲法の条文では珍しく、国民に努力を求める内容となっています。しかも、ただの努力でなく「不断の」努力をせよ、と言っている。「不断」とは、「変わらず、恒久的に（constant）」という意味です。

法律の世界には、「権利の上に眠るものは保護に値せず」という古い格言があります。「権利を行使するために勤勉にその手段を尽くさない人は保護しない」という考え方です。

先人が努力して獲得した権利を守る工夫や努力をしないで、だれかがやってくれるのを待っている。そんな人を守る必要はない。そう言っているのです。

保障されている権利が当然のものだと思い、その上にあぐらをかいていると、はっと気がついたときには、独裁的な権力者によって基本的人権が侵され、取り返しのつかないことになっているかもしれません。

「不断の努力」、できることは二つある

権力者は常に自らの権勢を維持し、さらに拡大しようとする傾向があります。そのため、

批判を抑え込もうと圧力をかけることもあります。

たとえば、マスコミが政府を批判する報道をしようとしたとき、管轄する官庁から圧力がかかったとします。これは言論の自由を奪う行為で、憲法違反です。

しかし、仕事をする上で権力者に睨まれるのは何かと厄介です。そこで報道側も、しだいに内容を手控えるようになります。そしてしだいに、権力者にすり寄った内容の報道ばかりをするようになり、相手の思いのままになっていきます。

反対に、報道内容を自在に操作できる能力を有しているマスコミに対して、権力者のほうが迎合してくる図式も存在はするでしょう。

このように、両者の関係性やバランスによっては、これまで先人たちが築いてきた民主主義の仕組みが崩壊する危険が生じます。最終的には、国民の「知る権利」や「言論の自由」などの基本的人権が侵害される可能性もあります。

このような事態を防ぐべく、私たちは「不断の努力」で声を上げていく必要があります。

一番の方法は、選挙に行き、選挙権を行使することです。

投票によって、「国民の声を聞かずに勝手なことはできないぞ」「国会を通さずに独断で決めると、こんなことになるぞ」と、野球で言う牽制球を投げることができます。

投票の機会を放棄することは、国をコントロールする大事な機会を失うことと同じです。

もう一つは教育です。前に触れたように、二〇一六年から満十八歳以上の国民に選挙権が与えられるようになりました。

併せて、全国の高校などでは主権者教育が行われるようになりました。これは、国や社会の問題に自分もかかわっていることに気づき、それを解決するにはどうすればよいかを考え、判断できるようになるための教育です。

二〇二二年から高校に導入された必修科目の「公共」は、ちょうど主権者教育の入り口にあたるものです。これも、「不断の努力」につながっていく大事なものだと思います。

政治的無関心は意図的につくられたもの？

ところで、主権者教育がスタートする以前の学校教育は、政治に対してどのようなスタンスだったのでしょうか。実は、今とは正反対のことを行っていました。

一九六九（昭和四十四）年、当時の文部省は全国の高校に、「高等学校における政治的教養と政治的活動について」という通達を出しました。

当時大学では、学内の管理や学費などの問題を発端として、大学当局と学生、あるいは大学と外部の団体などが対立し、様々な闘争が頻発していました。これを「大学紛争（大学闘争）」と言います。

そして高校でも、大学紛争の影響を受けて生徒が政治的な活動に参加したり、授業の妨害や学校封鎖などを行ったりする事例が発生していました。村上龍の青春時代の自伝的小説『69』（集英社刊）には、自分の学校をバリケード封鎖する場面が登場します。

文部省からの通達は、高校生の政治的な活動を「教育上好ましくない」として、学校内での活動を制限する内容でした。当時、高校生は選挙権のない未成年であり、教育の場は政治的に中立であるべきだとしたのです。

以下に、当時の通達の一節をご紹介しましょう。

高等学校における政治的教養と政治的活動について

（昭和四十四年十月三十一日文部省初等中等教育局長通知）

二　生徒の政治的活動を規制することについて

㈢　放課後、休日等に学校外で行なわれる生徒の政治的活動は、一般人にとつては自由である政治的活動であつても、前述したように生徒が心身ともに発達の過程にあつて、学校の指導のもとに政治的教養の基礎をつちかつている段階であることなどにかんがみ、学校が教育上の観点から望ましくないとして生徒を指導することは当然であること。特に違法なもの、暴力的なものを禁止することはいうまでもないことであるが、そのような活動になるおそれのある政治的活動についても制限、禁止することが必要である。

三　生徒の政治的活動に関する留意事項

学校は、平素から生徒の政治的活動が教育上望ましくないことを生徒に理解させ、政治的活動にはしることのないようじゅうぶん指導を行なわなければならない。

（出典：文部科学省ホームページ）

学生運動が下火になり、時代の流れが変わるにつれて、学生が政治活動をするのはおかしいという空気がつくられていきました。「学生は政治なんかにかかわるものじゃない」とされ、そのエネルギーは政治以外のものにも振り向けられていきました。おかげで政治家たちは、楽に活動できるようになりました。

その一方で、政治的な無関心が若い人の間に広がっていきました。

一九七〇年代までの学生たちは、中学生や高校生も含めて、政治についてごく普通に語り合っていました。しかし、政治から遠ざける教育を続けてきたために、今の若者の間では政治についてほとんど語られない状況になっています。

主権者としての自覚や社会への関心を持たせない教育を続けてきたために、そのツケが今、大きなブーメランになって返ってきているのです。

若者が政治に無関心だと批判する論調がありますが、それは若者のせいではありません。政治的無関心はつくられたものと言えるでしょう。

ネット社会に可能性を見出すならば

今の社会が以前と大きく違うのは、**インターネットを通じて人々が発言するようになり、それがマスコミの力を借りずとも影響力を持つようになった**ことです。

今までは、個人の意見が他の大勢の人に知られることはありませんでした。

しかし今は、一度ＳＮＳで話題になると、ネットニュースなどを通じてより多くの人が知るところとなります。そして、「自分と同じことを感じている人がこんなにいたのか」と気づいた人がさらに意見を発信し、ネット上で大きなムーブメントが起こりやすくなりました。

出遅れたマスコミが、あわてて便乗することもしばしばです。

現在は、少子高齢化が深刻化していることもあり、若者の投票率が低いとたびたび指摘されますよね。そのため、組織票や高齢層による票が政治を動かしていると言える状況です。

ただ、これからの社会を担っていくのは若い人たちです。少子化対策などへの関心や危機感も、他の世代よりも高いのではないでしょうか。

セキュリティの問題はありますが、スマホやパソコンからでも投票できるシステムができたら、投票率は大きく上昇するはずです。

「不断の努力」のためには、それを実現することが必要ではないでしょうか。

コラム⑥

海外の憲法をのぞき見！ インド「インド憲法」

インドの憲法は一九五〇年に施行されました。条文が非常に多いことが特徴で、その数は日本のおよそ四倍の三九五条におよびます。

これは、インドがたくさんの州や領地（二〇二二年十一月時点で、二十九の州と七つの連邦直轄領）から成り立っていて、それぞれに細かい規定があるからです。州の下には地方があり、そのまた下に県があります。

インド社会の抱える課題に、「カースト制度」があります。カースト制度とは、ヒンドゥー教による身分制度です。カースト制度の外にはさらに社会から隔離された人々がいて、ダリット（抑圧された人々）と呼ばれ、その数は約二億人とされています（出典：法務省「国別政策及び情報ノート　インド：宗教的少数派」第二・〇版、二〇一八年五月）。

インドは、憲法第十七条で不可触民《ふかしょくみん》（インドのヒンドゥー教社会における被差別民）の制度の廃止、第四十六条で被差別民への保護を定めています。このように、インド政府はカースト制度による差別を憲法で明記しているのです。

しかしながら、実際には様々な面で差別が残っています。そのため、憲法で宣言されていることが現実に浸透するには時間がかかると言われています。

カースト制度の根底をなすのは、インドの全人口のおよそ八〇%を占めるヒンドゥー教徒の教義です。現実を変えていくスピード感がいま一つなのは、宗教とカースト制度が深く結びついているためでしょう。

理解を深める!

✓国民が基本的人権を守るために権力を監視するにはどんな方法があるか、考えてみよう。

✓あなたの身の回りで、基本的人権があまり守られていないと感じた場面はあるだろうか。思い出してみよう。

6時間目

「統治機構」って何だろう

◆三権分立はよくできた仕組み

「三権分立」とは、民主主義が発達していく過程で生まれた、権力分立の仕組みです。

十七世紀のヨーロッパでは、国王が絶大な権力を持っていました。この時代の政治体制を、「絶対王政」と言います。

それを象徴するのが、フランスのルイ十四世が宣言した「朕《ちん》は国家なり（われこそが国家そのものである）」という言葉です。国王の権力は神から与えられたもので、神聖であり侵すことができないという思想（王権神授説）が、当時盛んに唱えられていました。

これを批判したのが、ホッブズ、ロック、ルソーといった思想家たちです。彼らは、自由で平等な個人が互いに契約を結ぶことによって、国家や政治社会がつくられたと主張しました。これを「社会契約説」と言います。

その思想を受け継いだフランスの思想家のモンテスキューは、国家の権力を立法権（法律をつくる）・行政権（政治を行う）・司法権（裁判をする）の三つに分離し、**それぞれが違う機関で権力を運用しながら、互いに暴走しないように歯止めをかけ、一つの権力が強くなりすぎないよう均衡を取る**べき（チェック・アンド・バランス）と提唱しました。これが、三

▼三権分立の仕組み

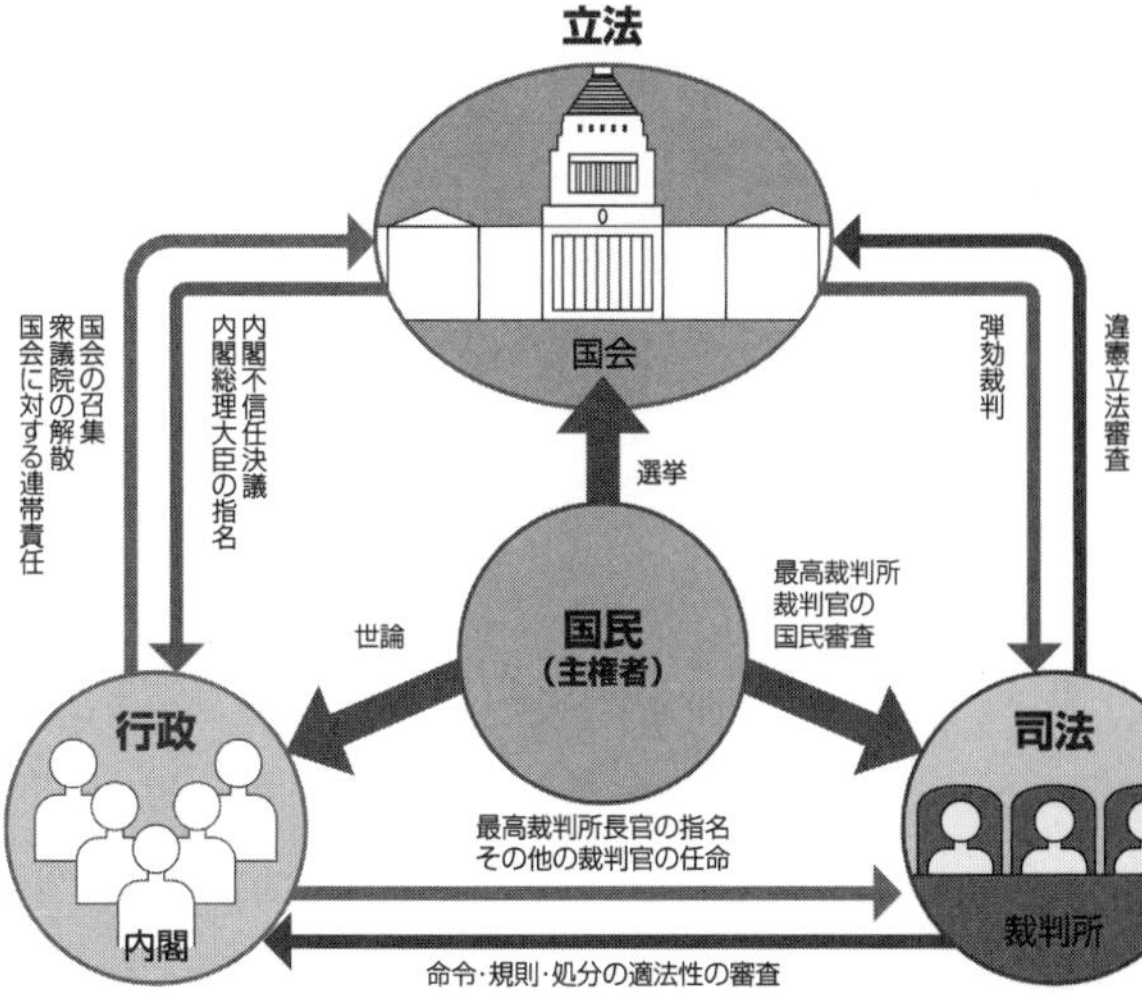

出典：衆議院ホームページより引用

権分立の基本的な考え方です。

人々の権利を守るために、まずは公権力を分散し、それぞれを牽制させ合いながら強大になりすぎないようにしたわけです。

この思想が現在まで維持されているのは、権力の暴走や独裁を防ぐ上で、三権分立が非常に有効に働いたことを示しているでしょう。

三権の長は何人？

二〇二二年九月に実施された故安倍晋三元内閣総理大臣の国葬では、皇族方や海外の要人らとともに、「三権の長」も参列しました。すなわち、立法・行政・司法、それぞれの機関のトップです。

日本の立法機関は国会、行政機関は内閣、司法機関は最高裁判所です。

国会は衆議院と参議院の両院（二院制）で成り立っています。長（議長）は衆議院議長、参議院議長の二名で、内閣の長は内閣総理大臣、最高裁判所の長は最高裁判所長官です。

「三権の長は四人」と覚えておきましょう。

第4章 国会

原文

第四十一条〔**国会の地位**〕国会は、国権の最高機関であつて、国の唯一の立法機関である。

第四十二条〔**二院制**〕国会は、衆議院及び参議院の両議院でこれを構成する。

第四十三条〔**両議院の組織**〕両議院は、全国民を代表する選挙された議員でこれを組織する。

2 両議院の議員の定数は、法律でこれを定める。

第四十四条〔**議員及び選挙人の資格**〕両議院の議員及びその選挙人の資格は、法律でこれを定める。但《ただ》し、人種、信条、性別、社会的身分、門地、教育、財産又は収入によつて差別してはならない。

第四十五条〔**衆議院議員の任期**〕衆議院議員の任期は、四年とする。但し、衆議院解散の場合には、その期間満了前に終了する。

第四十六条〔**参議院議員の任期**〕参議院議員の任期は、六年とし、三年ごとに議員の半数を改選する。

第四十七条〔**議員の選挙**〕選挙区、投票の方法その他両議院の議員の選挙に関する事項は、法律でこれを定める。

第四十八条〔**両議院議員相互兼職の禁止**〕何人も、同時に両議院の議員たることはできない。

第四十九条〔**議員の歳費**《さいひ》〕両議院の議員は、法律の定めるところにより、国庫から相当額の歳費を受ける。

第五十条〔**議員の不逮捕特権**〕両議院の議員は、法律の定める場合を除いては、国会の会期中逮捕されず、会期前に逮捕された議員は、その議院の要求があれば、会期中これを釈放《しゃくほう》しなければならない。

第五十一条〔**議員の発言表決の無答責**《むとうせき》〕両議院の議員は、議院で行つた演説、討論又は表決について、院外で責任を問はれない。

第五十二条〔**常会**〕国会の常会は、毎年一回これを召集する。

第五十三条〔**臨時会**〕内閣は、国会の臨時会の召集を決定することができる。いづれかの議院の総議員の四分の一以上の要求があれば、内閣は、その召集を決定しなければならない。

第五十四条〔**総選挙、特別会及び緊急**《きんきゅう》**集会**〕衆議院が解散されたときは、解散の日から四十日以内に、衆議院議員の総選挙を行ひ、その選挙の日から三十日以内に、国会を召集しなければならない。

2　衆議院が解散されたときは、参議院は、同時に閉会となる。但し、内閣は、国に緊急の必要があるときは、参議院の緊急集会を求めることができる。

3　前項但書の緊急集会において採られた措置《そち》は、臨時のものであつて、次の国会開会の後十日以内に、衆議院の同意がない場合には、その効力を失ふ。

第五十五条 **〔資格争訟《そうしょう》〕** 両議院は、各々《おのおの》その議員の資格に関する争訟を裁判する。但し、議員の議席を失はせるには、出席議員の三分の二以上の多数による議決を必要とする。

第五十六条 **〔議事の定足数と過半数議決〕** 両議院は、各々その総議員の三分の一以上の出席がなければ、議事を開き議決することができない。

2　両議院の議事は、この憲法に特別の定のある場合を除いては、出席議員の過半数でこれを決し、可否同数のときは、議長の決するところによる。

第五十七条 **〔会議の公開と会議録〕** 両議院の会議は、公開とする。但し、出席議員の三分の二以上の多数で議決したときは、秘密会を開くことができる。

2　両議院は、各々その会議の記録を保存し、秘密会の記録の中で特に秘密を要すると認められるもの以外は、これを公表し、且つ一般《いっぱん》に頒布《はんぷ》しなければならない。

3　出席議員の五分の一以上の要求があれば、各議員の表決は、これを会議録に記載《きさい》しなければならない。

第五十八条 **〔役員の選任及び議院の自律権〕** 両議院は、各々その議長その他の役員を選任する。

2　両議院は、各々その会議その他の手続及び内部の規律に関する規則を定め、又、院内の秩序をみだした議員を懲罰《ちょうばつ》することができる。但し、議員を除名するには、出席議員の三分の二以上の多数による議決を必要とする。

第五十九条 **〔法律の成立〕** 法律案は、この憲法に特別の定のある場合を除いては、両議院で可決したとき法律となる。

2 衆議院で可決し、参議院でこれと異なつた議決をした法律案は、衆議院で出席議員の三分の二以上の多数で再び可決したときは、法律となる。

3 前項の規定は、法律の定めるところにより、衆議院が、両議院の協議会を開くことを求めることを妨げない。

4 参議院が、衆議院の可決した法律案を受け取つた後、国会休会中の期間を除いて六十日以内に、議決しないときは、衆議院は、参議院がその法律案を否決したものとみなすことができる。

第六十条 **〔衆議院の予算先議権及び予算の議決〕** 予算は、さきに衆議院に提出しなければならない。

2 予算について、参議院で衆議院と異なつた議決をした場合に、法律の定めるところにより、両議院の協議会を開いても意見が一致《いっち》しないとき、又は参議院が、衆議院の可決した予算を受け取つた後、国会休会中の期間を除いて三十日以内に、議決しないときは、衆議院の議決を国会の議決とする。

第六十一条 **〔条約締結《ていけつ》の承認〕** 条約の締結に必要な国会の承認については、前条第二項の規定を準用する。

第六十二条 **〔議院の国政調査権〕** 両議院は、各々国政に関する調査を行ひ、これに関して、証人の出頭及び証言並びに記録の提出を要求することができる。

第六十三条〔国務大臣の出席〕内閣総理大臣その他の国務大臣は、両議院の一に議席を有すると有しないとにかかはらず、何時でも議案について発言するため議院に出席することができる。又、答弁又は説明のため出席を求められたときは、出席しなければならない。

第六十四条〔弾劾《だんがい》裁判所〕国会は、罷免の訴追《そつい》を受けた裁判官を裁判するため、両議院の議員で組織する弾劾裁判所を設ける。

2　弾劾に関する事項は、法律でこれを定める。

現代語訳

第四十一条〔国会の地位〕国会は、国の権力の最高機関です。法律を作成できる権限である立法権を持つ、国の唯一の立法機関として、主権者である国民を代表する国会議員が議論し、法律をつくることができます。

第四十二条〔二院制〕国会は、衆議院と参議院という二つの議院から構成されています。一方の議院で審議したことを、他方の議院でもじっくりと審議する二院制（両院制）を採っています。

第四十三条〔両議院の組織〕衆議院と参議院は、選挙によって選ばれた全国民を代表する議員で組織されています。

2　衆参両院の議員の定数は、公職選挙法という法律で定められていて、衆議院議員が四六五人、参議院議員が二四八人（二〇二二年十一月時点）となっています。

第四十四条**〔議員及び選挙人の資格〕**　衆参両院の議員とその投票者（有権者）の資格は、公職選挙法という法律で定められています。選挙に立候補できる資格の被選挙権は、衆議院議員が満二十五歳以上、参議院議員が満三十歳以上、選挙で投票できる資格の選挙権は満十八歳以上の、いずれも日本国民に認められています。ただし、人種、思想・信条、性別、社会的身分、出身や家柄、教育、財産や収入によって、選挙権・被選挙権を認めないというような差別をしてはいけません。

第四十五条**〔衆議院議員の任期〕**　衆議院議員の任期は四年とします。ただし、衆議院は任期途中での解散があるので、解散した場合は、任期の途中で終了します。

第四十六条**〔参議院議員の任期〕**　参議院議員の任期は六年とします。参議院には解散がないので、三年ごとに参議院議員選挙を行い、議員の半数ずつを改選します。現在の議員定数は二四八人ですから、半数の一二四人ずつ改選されます。

第四十七条**〔議員の選挙〕**　選挙区（議員を選出する地域的な単位として区分された区域）、一人一票制といった投票の方法など、衆参両院の議員の選挙に関するルールは、公職選挙法という法律で定めます。

第四十八条**〔両議院議員相互兼職の禁止〕**　国民のだれもが、同時に衆参両院の議員になることはできません。公職選挙法では、一方の議院の議員が、他方の議院の公職選挙に立候補した場合、現在の議院の議員を辞職したものとみなされます。

第四十九条〔**議員の歳費**〕 衆参両院議員、つまり国会議員は、国会法という法律の規定に基づき、国から議員としての職務に見合った金額の給与を受けます。

第五十条〔**議員の不逮捕特権**〕 衆参両院議員は、国会法という法律が定める、国会の敷地外での現行犯の場合を除いて、国会が開かれている会期中は、逮捕されません。会期前に逮捕された議員も、所属する議院からの要求があれば、会期中に限り釈放されます。

第五十一条〔**議員の発言表決の無答責**〕 衆参両院議員は、議院で行った演説・討論・表決（議案に賛否の意思を示すこと）について、議院の外で法的責任を追及されたりすることはありません。

第五十二条〔**常会**〕 毎年一回召集される国会の常会は、通常国会とも呼ばれます。翌年度の予算を審議するため、その年の一月中に必ず召集され、会期は一五〇日と国会法という法律で定められています。

第五十三条〔**臨時会**〕 内閣は、国会の休会中に、審議を必要とする重大な問題が発生しても対処できるよう、臨時会という臨時国会の召集を決定することができます。あるいは、衆参両院のどちらかで、総議員の四分の一以上の要求があれば、内閣は、必ず臨時会の召集を決定しなければなりません。この他衆議院議員の任期満了による総選挙、参議院議員の通常選挙が行われたときも、その任期が始まる日から三十日以内に臨時会を召集しなければなりません。

第五十四条〔**総選挙、特別会及び緊急集会**〕 衆議院が解散されたときは、解散の日から四十日以内に、衆議院議員の総選挙を行い、その総選挙の日から三十日以内に、特別会という特別国会を召集しなければなりません。特別会が召集されると、内閣は総辞職するため、特別会では内閣総理大臣の指名が最優先されます。

2　衆議院が解散されたときは、参議院は同時に閉会となります。ただし、衆議院の解散中に、緊急に審議が必要になった場合、内閣は、参議院の緊急集会を開いて対処することができます。

3　第二項の緊急集会で決定した措置は、臨時のものなので、次の国会の開会後十日以内に、衆議院の同意を得る必要があります。同意が得られなければ、参議院の決定は無効になります。

第五十五条〔**資格争訟**〕衆参両院は、それぞれの議員の資格に関する争訟（訴訟を起こし争うこと）が生じた場合、訴えられた被告議員が、法律で定められた議員資格を満たしているかどうか、それを判定する裁判を議決によって行います。ただし、議決によって被告議員の議席を失わせるには、出席議員（被告議員を除く）の三分の二以上の賛成が必要です。

第五十六条〔**議事の定足数と過半数議決**〕衆参両院は、それぞれ総議員の三分の一以上の出席がなければ、議会を開いて議決することができません。議会を開くのに必要な最小限の出席者数を、定足数《ていそくすう》と言います。

2　衆参両院の議会での議決は、この憲法が特別多数決（総議員または出席議員の三分の二以上の賛成）を必要とする場合を除いては、出席議員の過半数によって決定されます。賛成・反対が同数のときは、議長が決定します。

第五十七条〔**会議の公開と会議録**〕衆参両院の会議は公開です。ただし、出席議員の三分の二以上の多数が賛成して、議決したときは、秘密会として会議を非公開にすることもできます。

2　衆参両院は、それぞれ会議の記録を保存します。秘密会の記録の中で、特に秘密にする必要があると認められるもの以外はすべて公表し、さらに広く一般に配布しなければなりません。

3　出席議員の五分の一以上の要求があれば、記名投票によって、各議員の賛否を会議録に記載しなければなりません。

第五十八条〔**役員の選任及び議院の自律権**〕衆参両院は、それぞれ衆議院議長、参議院議長、その他の役員を選びます。

2　衆参両院は、それぞれの会議の手続きと内部の規律に関する規則を定め、議院の秩序をみだした議員を懲罰すること（こらしめのために制裁を加えること）ができます。ただし、議員を除名するには、出席議員の三分の二以上による議決が必要です。

第五十九条〔**法律の成立**〕法律案は、この憲法が特別多数決を必要とする場合を除いて、衆参両院で可決したときに法律になります。

2　衆議院で可決した法律案を、参議院でそれとは異なる議決をした場合、もとの法律案を衆議院で出席議員の三分の二以上で再び可決すれば、法律として成立させることができます。

3　衆議院は、第二項の再可決の前に、国会法などの法律に基づき、両院協議会の開催を求めることもできます。両院協議会では、衆参両院から同数の代表者を出して、意見の調整をはかることができます。

4　参議院が、衆議院の可決した法律案を受け取った後、国会休会中の期間を除いて六十日以内に、その法律案を議決しない場合は、衆議院はそれが否決されたとみなすことができます。

第六十条**〔衆議院の予算先議権及び予算の議決〕**予算は、先に衆議院で審議します。

2　予算について、衆参両院で議決が異なった場合、国会法などの法律に基づいて両院協議会を開いても、意見が一致しないときや、参議院で国会休会中の期間を除いた三十日以内に予算案を議決しないときは、衆議院の議決が国会の議決となります。

第六十一条**〔条約締結の承認〕**外国と条約を締結するのに必要な国会の承認については、第六十条第二項の予算の議決と同様に、衆議院の議決が優先されます。

第六十二条**〔議院の国政調査権〕**衆参両院には、国政調査権が認められていて、それぞれ国の政治がどのように行われているかを調査し、その国政調査に関して、証人の出頭や証言、記録の提出を要求することができます。

第六十三条**〔国務大臣の出席〕**閣僚（内閣を構成する人）である内閣総理大臣とその他の国務大臣は、国会議員であるか、そうでないかにかかわらず、議案について発言するため、いつでも議会に出席することができます。また、答弁（質問に対する回答や申し開き）や説明のために、議会への出席を求められたときは、出席しなければなりません。

第六十四条**〔弾劾裁判所〕**不正のあった疑いのある裁判官を裁判するのは、裁判所ではなく国会です。国会は、衆参両院の各七人の議員で組織される裁判官を辞めさせるための弾劾裁判所を設置することができます。

2　弾劾（罪や不正をあばいて、責任を追及すること）に関することは、国会法という法律で定めます。

解説

◆国民主権を一番担保している「国会」

> 第四十一条　国会は、国権の最高機関であつて、国の唯一の立法機関である。

国会が持つ最も重要な権限は、法律を作成すること（立法権）です。法律は、内閣や裁判所ではなく、国会の議決によってのみ成立します。

法律を作成できる機関が複数あると、それぞれが好き勝手に法律を作成できてしまいますよね。その結果、法律に矛盾が生まれたりして、国が不安定になります。

そこで、国会を「唯一の立法機関」としたことで、国の政治を国会中心に成立させることを可能にしたのです。

国会には他に、国家予算を決めたり、他国との条約を承認したり、内閣総理大臣を指名したり、憲法改正の提案を行ったりする権限もあります。

また、国会は三権の中で最も高い位置にある権力です。なぜなら、選挙で選ばれた国民の代表（国会議員）がそこにいるからです。

なお三権のうち司法は、その代表が決まる仕組みが国会議員とは少し異なっています。たとえば、最高裁判所の判事になるには、司法試験に合格して経験を積んだのち、「識見が高く、法律の素養がある四十歳以上」という条件をクリアした上で、内閣によって任命される必要があります。ただし一部は、学者などが任命されることもあります。また、他にもいくつかの規準が存在します。

話を元に戻しましょう。では、内閣はどうでしょうか。

内閣を構成する大臣は国会議員から選ばれるので、国民主権と言ってもよさそうです。しかし場合によって、選挙を経ていない民間人が大臣に任命されることもあります。その場合、その民間人が国民の代表かどうか、断言はできません。

そう考えると、**日本国憲法の原則の一つである「国民主権」を一番担保しているのが国会**

と言えるでしょう。

◆衆議院と参議院の違いとは？

▼国会の仕組みと二院制

国会は、衆議院と参議院で成り立っています。これを「二院制」と言います。両者には、少しずつ違いがあります。衆議院議員の任期は四年で、任期途中で国会が解散すれば、議員の任期はそこまでで終わります。そのため、衆議院は国民の意思が反映されやすいと言われています。

一方、参議院議員の任期は六年で、三年ごとに半数が改選されます。任期途中での解散はありません。

第四十五条（一部）　衆議院議員の任期は、四年とする。
第四十六条　参議院議員の任期は、六年とし、三年ごとに議員の半数を改選する。

参議院は、衆議院のいきすぎを抑え、安定した審議を続ける役割を期待されています。そのため「良識の府」とも呼ばれます。

このように比較すると、衆議院議員のほうが、解散によって職を失う分、不安定な身分だとわかります。

その代わり、ある条件のもとでは衆議院の議決を国会の議決とすると定めています。これを「衆議院の優越」と言います。

> 第六十条　予算は、さきに衆議院に提出しなければならない。
> 2　予算について、参議院で衆議院と異なつた議決をした場合に、法律の定めるところにより、両議院の協議会を開いても意見が一致《いっち》しないとき、又は参議院が、衆議院の可決した予算を受け取つた後、国会休会中の期間を除いて三十日以内に、議決しないときは、衆議院の議決を国会の議決とする。

これは、法律案の議決、予算の議決、条約の承認、内閣総理大臣の指名の四つに規定され

▼衆議院と参議院の違い

衆議院	議院名	参議院
465人	議員の定数	248人
4年 （解散があれば 資格を失う）	任期	6年 （3年ごとに半分が 選挙で入れ替わる）
18歳以上	選挙権	18歳以上
25歳以上	被選挙権	30歳以上
小選挙区：289人 比例代表：176人	選挙区	選挙区：148人 比例代表：100人
あり	解散	なし
あり	内閣不信任決議権	なし

出典：衆議院ホームページの図をもとにSBクリエイティブ株式会社が作成

ています。

たとえば参議院で予算を先に審議して、否決されたとします。すると衆議院での審議ができず、予算がいつまでも成立しない事態におちいります。そうなってしまうと、国の運営がストップしてしまい大変なことになるので、衆議院で先に議決しておくのです。

そうすれば、衆議院の優越によって衆議院での議決が国会の議決となるので、国としての対応が遅延せずに済むというわけです。

なお国会議員には、いくつかの特権が保障されています。

たとえば活動の報酬として、国から手当

（歳費）を受けます。また、政治活動を保障するため、国会の会期中は逮捕されません。さらに、議院の中で行った発言や演説などの政治活動は、議場の外では責任を問われずに済みます。

第五十条　両議院の議員は、法律の定める場合を除いては、国会の会期中逮捕されず、会期前に逮捕された議員は、その議院の要求があれば、会期中これを釈放《しゃくほう》しなければならない。
第五十一条　両議院の議員は、議院で行つた演説、討論又は表決について、院外で責任を問はれない。

▼国政調査権とは何か？

第六十二条　両議院は、各々国政に関する調査を行ひ、これに関して、証人の出頭及び証言並びに記録の提出を要求することができる。

衆議院と参議院は、法律をつくったり政治を監督したりするために、国政について調査を行うことができます。これを「国政調査」と言います。

数年に一度、私たちのもとに届く国の調査用紙（国勢調査）も国の調査の一つですが、国会で行われるのは政治全般にかかわる調査で、対象も幅広くなっています。

国会では、調査が必要だと判断したものについて、証人に対する国会への出頭や証言、記録の提出を要求することができます。これを「証人喚問」と言います。

証人喚問では、発言が真実であると誓うこと（宣誓）が行われるので、事実と違うことを話すと処罰の対象になります。

また、国会の中に置かれる委員会においても、調査の必要があるときには参考人の出頭を求めることができます。これは「参考人招致《しょうち》」と言います。証人喚問とは違い、事実と違うことを話しても、処罰の対象にはなりません。

いずれにせよ、国会の場で証言するのは重大なことであり、非常に緊張することです。

最近では、二〇一八年三月に行われた、森友学園の国有地取引をめぐる決裁文書改ざん問題が挙げられます。このときは、元国税庁長官への証人喚問が行われました。

証人喚問は、社会的に注目度の高い事柄が対象になります。国民から要望が出た場合、国民の代表である国会議員は、それを聞き入れ、真実を究明することも求められます。国会は司法の場ではありませんが、国政調査権はある種の公開裁判の要素を持っているのです。

▼弾劾裁判所はどこにある？

公務員には、企業で働く人とは違って、様々な義務が課せられています。

たとえば、警察、消防、刑務所、海上保安庁、防衛省、自衛隊などの職員は、労働三権はなく、労働者としての権利が制限されています。

ただし、公務員にはその代わりに、民間の企業にはない身分保障が与えられています。公務員は一般企業と違って給与の変動が少なく、免職されることもほとんどありません。

弾劾とは、そんな立場にある公務員が悪いことをした場合、処罰する方法を指す言葉です。

そして、公務員である裁判官を裁く権限を持つのが「弾劾裁判所」です。


第六十四条（一部）　国会は、罷免の訴追《そつい》を受けた裁判官を裁判するため、両議院の議員で組織する弾劾裁判所を設ける。

弾劾裁判所は、国会（立法）の中に設けられています。

裁判所は、衆参両議院から選ばれた各七人で構成され、裁判官訴追委員会で訴追（検察官に訴えられること）を受けた裁判官を辞めさせるかどうかの裁判を行います。このようにして、裁判所（司法）を抑制するのです。

一方裁判所は、国会が定めた法律が憲法に違反していないか、審査する権限を持っています。これを「違憲立法審査権」と言い、国会を抑制する働きがあります。

同じように、内閣と国会、内閣と裁判所も、お互いに抑制する手段を持っています。

この関係に加えて、国民も公権力を抑制することが大切です。

国会に対しては、選挙で議員を選出することができます。

内閣に対しては、一人ひとりが意見を表明し、その積み重ねで世論をつくり、政治に影響をおよぼすことが可能です。

裁判所には、選挙と同時に行われる国民審査で、裁判官を辞めさせるかどうかを表明できます。

第5章 内閣

原文

第六十五条 **〔行政権の帰属〕** 行政権は、内閣に属する。

第六十六条 **〔内閣の組織と責任〕** 内閣は、法律の定めるところにより、その首長たる内閣総理大臣及びその他の国務大臣でこれを組織する。

2 内閣総理大臣その他の国務大臣は、文民でなければならない。

3 内閣は、行政権の行使について、国会に対し連帯して責任を負ふ。

第六十七条 **〔内閣総理大臣の指名〕** 内閣総理大臣は、国会議員の中から国会の議決で、これを指名する。この指名は、他のすべての案件に先だつて、これを行ふ。

2 衆議院と参議院とが異なつた指名の議決をした場合に、法律の定めるところにより、両議院の協議会を開いても意見が一致しないとき、又は衆議院が指名の議決をした後、国会休会中の期間を除いて十日以内に、参議院が、指名の議決をしないときは、衆議院の議決を国会の議決とする。

第六十八条 **〔国務大臣の任免〕** 内閣総理大臣は、国務大臣を任命する。但し、その過半数は、国会議員の中から選ばれなければならない。
2　内閣総理大臣は、任意に国務大臣を罷免することができる。
第六十九条**〔不信任決議と解散又は総辞職〕**内閣は、衆議院で不信任の決議案を可決し、又は信任の決議案を否決したときは、十日以内に衆議院が解散されない限り、総辞職をしなければならない。
第七十条**〔内閣総理大臣の欠缺《けんけつ》又は総選挙施行による総辞職〕**内閣総理大臣が欠けたとき、又は衆議院議員総選挙の後に初めて国会の召集があつたときは、内閣は、総辞職をしなければならない。
第七十一条**〔総辞職後の職務続行〕**前二条の場合には、内閣は、あらたに内閣総理大臣が任命されるまで引き続きその職務を行ふ。
第七十二条**〔内閣総理大臣の職務権限〕**内閣総理大臣は、内閣を代表して議案を国会に提出し、一般国務及び外交関係について国会に報告し、並びに行政各部を指揮監督《かんとく》する。
第七十三条**〔内閣の職務権限〕**内閣は、他の一般行政事務の外、左の事務を行ふ。
一　法律を誠実に執行し、国務を総理すること。
二　外交関係を処理すること。
三　条約を締結すること。但し、事前に、時宜《じぎ》によつては事後に、国会の承認を経ることを必要とする。
四　法律の定める基準に従ひ、官吏に関する事務を掌理《しょうり》すること。

五　予算を作成して国会に提出すること。
六　この憲法及び法律の規定を実施するために、政令を制定すること。但し、政令には、特にその法律の委任がある場合を除いては、罰則を設けることができない。
七　大赦、特赦、減刑、刑の執行の免除及び復権を決定すること。

第七十四条**〔法律及び政令への署名と連署〕**法律及び政令には、すべて主任の国務大臣が署名し、内閣総理大臣が連署することを必要とする。

第七十五条**〔国務大臣訴追の制約〕**国務大臣は、その在任中、内閣総理大臣の同意がなければ、訴追されない。但し、これがため、訴追の権利は、害されない。

現代語訳

第六十五条**〔行政権の帰属〕**法律にしたがって実際に政治を進める行政権は、内閣に属します。行政権とは、国家権力から国会の持つ立法権（法律をつくる力）、裁判所の持つ司法権（法律にしたがって裁判を行う力）を除いたすべての権限とされています。

第六十六条**〔内閣の組織と責任〕**内閣は、内閣法という法律に基づき、その首長（集団・団体を統率するリーダー）である一人の内閣総理大臣（首相）と、その他の十四人（五輪や国際博覧会など、特別に必要な場合は二十人）以内の国務大臣によって組織されます。

2　内閣総理大臣とその他の国務大臣は、文民（軍人でない人）でなければなりません。
3　内閣は、行政権の行使（権力などを実際に用いること）について、国会に対して、大臣全員で連帯責任を負います。

第六十七条**〔内閣総理大臣の指名〕**　内閣総理大臣は、国会議員の中から、国会の議決によって指名され、天皇が任命します。内閣総理大臣の指名は重要ですから、他の議案があっても、最優先で議決されます。
2　衆参両院で、指名の議決が異なった場合、国会法などの法律に基づいて両院協議会を開いても、意見が一致しなければ、衆議院の優越が適用され、衆議院の議決が国会の議決となります。また、衆議院で指名の議決をした後、国会休会中を除いた十日以内に、参議院で指名の議決をしない場合も、衆議院の議決が国会の議決となります。

第六十八条**〔国務大臣の任免〕**　内閣総理大臣は、各省庁をまとめる国務大臣を任命して、内閣を組織する組閣を行います。国務大臣の過半数は、国会議員の中から選ばれなければなりません。これは、内閣は国会の中から生まれ、国会の信任（信用して任せること）のもとに成立し、国会に対して連帯責任を負うとする、日本の内閣の仕組みである、議院内閣制によるものです。
2　内閣総理大臣は、国務大臣を一方的に辞めさせることができます。

第六十九条**〔不信任決議と解散又は総辞職〕**　衆議院は、内閣がその責任を果たしていないと判断した場合、内閣不信任の決議案を提出して可決したり、または信任の決議案を否決することができます。このとき内閣は、十日以内に衆議院を解散するか、総辞職するか、どちらかを選ばなくてはなりません。

第七十条 **〔内閣総理大臣の欠缺又は総選挙施行による総辞職〕** 内閣総理大臣が亡くなったり、辞職したりしたときと、衆議院議員総選挙の後に初めて国会の召集があったときは、内閣は総辞職しなければなりません。

第七十一条 **〔総辞職後の職務続行〕** 現内閣は総辞職しても、新たに内閣総理大臣が任命されるまでは、引き続き職務を果たします。

第七十二条 **〔内閣総理大臣の職務権限〕** 行政の最高責任者である内閣総理大臣は、内閣を代表して予算や法律案などの議案を国会に提出し、内閣が進めた政治の状況や外交関係について、国会に報告します。また、行政各部を指揮し、監督します。

第七十三条 **〔内閣の職務権限〕** 内閣は、一般の行政事務の他、次の仕事を行います。

一 法律を誠実に執行し、国の仕事を進めます。

二 国を代表する機関として、外国との交渉を行い、外交関係を処理します。

三 外国との条約を締結します。このとき事前に国会の承認が必要で、それが困難な場合は、例外的に事後の承認が求められます。

四 国家公務員法などの法律にしたがって、国家公務員に関する事務を行います。

五 予算を作成し、国会に提出します。

六　この憲法や法律を実行するために、政令（内閣の制定する命令）を制定します。ただし、法律が認める場合以外で、政令に罰則を設けてはいけません。

七　大赦、特赦、減刑、刑の執行の免除、復権（有罪となり失われた資格の回復）を決めます。

第七十四条**〔法律及び政令への署名と連署〕**法律と政令は、すべて担当の国務大臣が署名し、内閣総理大臣も連署（並んで署名）する必要があります。

第七十五条**〔国務大臣訴追の制約〕**国務大臣は在任中のみ、内閣総理大臣の同意がなければ訴追されません。ただし、そうなっても、その犯罪に関して大臣を訴追する権利がなくなるわけではありません。

解説

◆政治をつかさどる「内閣」

▼「政治」のテリトリーは幅広い

内閣は、法律に基づいて、実際に政治を行う権限を持っているところです。

第六十五条　行政権は、内閣に属する。

一口に「政治を行う」と言っても、その範囲は非常に広く、どこまで人々の暮らしにかかわってくるかは、国の方針によって変わってきます。

たとえば「他の国が攻めてきた」など、国の存続にかかわるような重大なことが起こったときには動くけれど、基本的には人々の自由に任せ、最小限の政治を行う。このような国を「夜警国家《やけいこっか》（消極国家）」と言います。普段は引っ込んでいるけれど、夜中に町内を見回り、火事や泥棒などのパトロールをする。まさに夜警のようなイメージです。

それと対をなすのは、国民の経済活動の隅々にまで介入して、福祉の充実のために積極的な政策を打ち出していく国家です。こちらは「福祉国家（積極国家）」と言います。

たとえば新型コロナウイルスへの対応は、各国がスピード感を持って対応することが求められました。強い権限でロックダウンを行う国、感染を抑えずそのまま対処する国、いち早くワクチン接種を進める国など、介入の程度は国によって大きく分かれましたよね。

日本でも、ワクチンをいつ何回接種するのか、子どもを学校に登校させるのか、緊急事態宣言を出すのかなど、迅速かつ的確な判断が求められました。

このとき、様々な判断をしたのが内閣です。不測の事態が起こった際、国会の議決を待ち、法律をつくって対応している時間的な猶予はありません。国民にマスクを配ることを決めたり、学校を一斉休校にしたりする決定は、行政権を持つ内閣が下していたのです。

▼内閣の仕事とは？

内閣は、内閣総理大臣（首相）とその他の国務大臣で構成されます。大臣の数は十四人以内と規定され、特別に必要な場合は最大二十人まで増やすことができます（二〇二二年十二月時点）。また、国務大臣による全体会議を「閣議」と言い、そこでの議事（会合して審議を行うこと。審議の内容を指すこともある）は全会一致（満場一致）で決定されます。

閣議は、原則として毎週火曜日と金曜日、総理官邸の閣議室で午前十時から（国会の会期中は午前九時から）開かれます。企業で言えば、各部の部長クラス以上が集まって開く経営会議にあたるでしょう。

内閣の主な仕事には、法律の執行、外交関係の処理、条約の締結、予算の作成と国会への提出、政令の制定、恩赦《おんしゃ》の決定があります。政令とは、内閣が法律の範囲内で制定する法律のことで、恩赦とは、裁判で決定された刑罰を軽減したり免除したりすることです。

また、天皇の国事行為に関する助言と承認、最高裁判所長官の指名とその他の裁判官の任命も内閣が行います。

▼総理大臣は何でも決められる？

内閣総理大臣について、大日本帝国憲法の条文には、明文規定はありません。明治時代に出された、内閣制度を定めた勅令である内閣官制の解釈としては、「同輩中の首席」であると理解されていたようです。つまり、他の国務大臣と対等な立場だったということです。

しかし、日本国憲法では「内閣の首長」として、内閣の統一性や一体性を確保するために、他の国務大臣を任命したり、辞めさせたりするなど、権限が強化されました。

第六十八条（一部）　内閣総理大臣は、国務大臣を任命する。
2　内閣総理大臣は、任意に国務大臣を罷免することができる。
第七十二条　内閣総理大臣は、内閣を代表して議案を国会に提出し、一般国務及び外交関係について国会に報告し、並びに行政各部を指揮監督《かんとく》する。

また、内閣を代表して予算や法律の議案を国会に提出することや、国の仕事や外交関係について国会に報告し、行政を指揮監督する権限も持っています。こうして見ると、内閣総理大臣が大きな行政権を持っていることがおわかりいただけるはずです。

二〇二二年七月、岸田文雄内閣総理大臣は、安倍晋三元内閣総理大臣の死去に伴い、法律上の規定がなかった総理大臣の国葬を行うと決定しました。数十億円の予算をかけ、皇族方や外国の要人を呼んで国葬を行うことを、内閣の閣議で決定したのです。

内閣には行政権があるので、国会を通さなくても、このような決定をすることは可能です。憲法違反にもなりません。もし国務大臣で反対する人がいたとしても、内閣総理大臣には任《にん》免権《めんけん》がありますから、反対した人を辞任させ、決定を通すことができます。

このように、内閣総理大臣が「やる」と決めたことは、ほぼ閣議で通ってしまいます。

そうは言っても、閣議で決まったことなら何をやっても構わないのか。国会を通さなくてもいいのか。国民の中には、今回の国葬にそんな違和感を覚えた人もいたかもしれません。

▼行政の「実働部隊」は霞が関に集まっている

日本の行政機構は、二〇九ページの図のような構成になっています。

主要官庁は一府十二省庁で、二〇〇〇年代からは消費者庁や観光庁が新設されました。また、二〇一二年には東日本大震災からの復興を速やかに進めるため、復興庁が設置されています。そのトップは内閣総理大臣です。

これらのうち、内閣府は他の省庁よりも上位にあり、省庁間の調整などを担当しています。報道でもよく耳にする内閣官房は、内閣総理大臣を補佐する機関です。その長である内閣官房長官は、国務大臣が担当します。また、内閣総理大臣の指導力を強化するために、内閣官房には内閣総理大臣補佐官が置かれています。

こうした行政の実際の仕事を担っているのが、公務員です。特に主要官庁で働く公務員は、一般的に官僚と呼ばれています。

「霞が関」、つまり外務省や防衛省など、左の図の中にある官庁が具体的な行政を行っているのです。

都道府県や市町村などの行政も同じです。県なら県庁、市なら市役所が行政を担当しています。内閣の長の役割を知事や市長が、国会の役割を県議会や市議会が担っています。

国会（議会）で一つ一つの事案を決めていくのでは、時間がかかりすぎます。そこで、行政権は内閣に任せて、実務は各省庁の官僚たちが担当することが多いのです。

▼国の行政機関の組織図

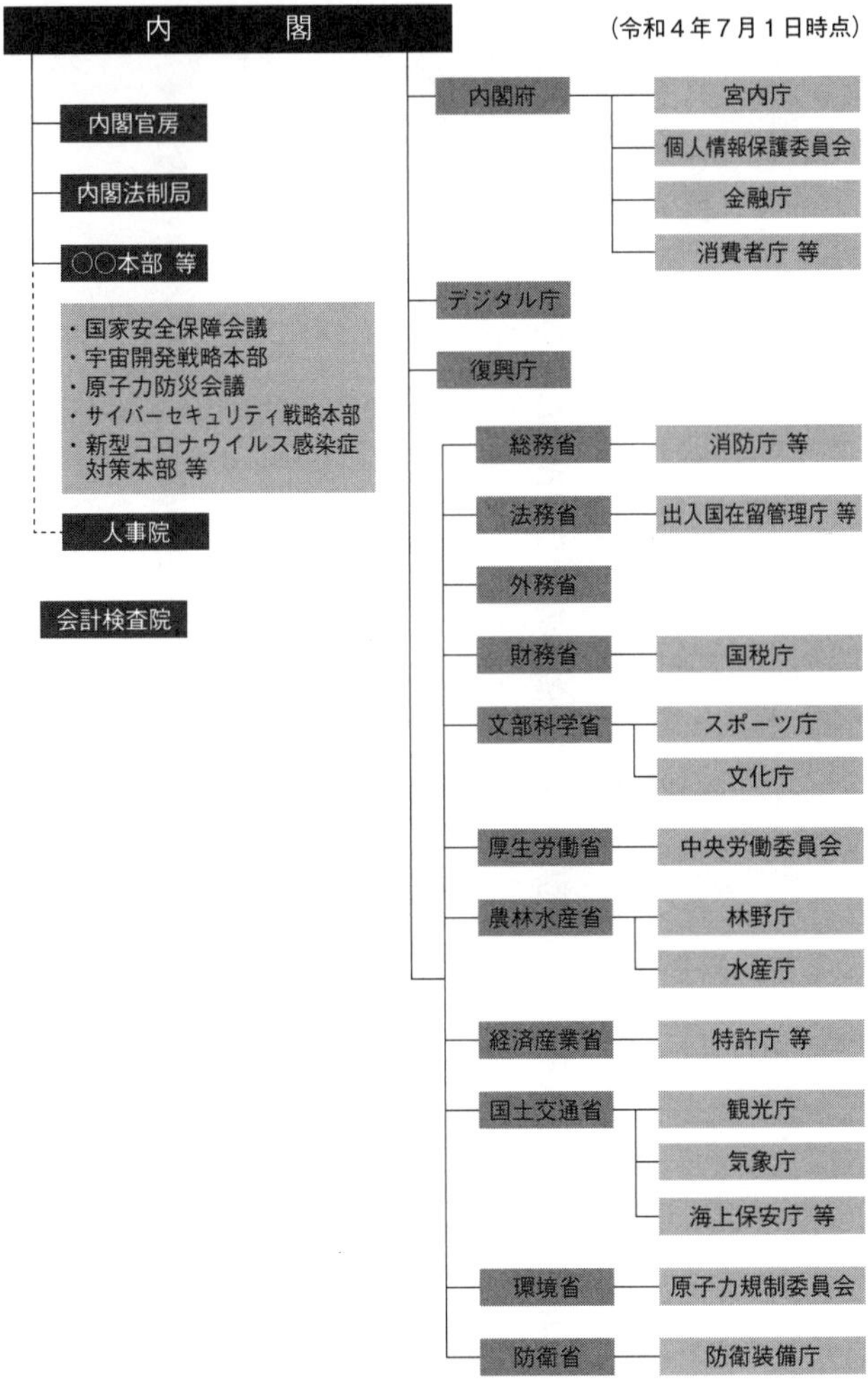

出典：内閣官房ホームページの「行政機構図（2022.7現在）」をもとにSBクリエイティブ株式会社が作成

そのような事情もあって、国会での大臣の答弁や内閣が提出する法案などは、実際にはその多くが官僚の手によって作成されています。

▼官僚が働くかどうかは大臣の力量しだい

国務大臣は、その省庁の長として、官僚たちをうまくコントロールすることが求められます。いくら官僚の人たちが優秀だといっても、国務大臣の指示を聞かずに勝手に行動してしまうと、国の利益に反することが出てくる可能性があります。

また官僚は国会議員とは違って、国民から選挙によって選ばれた人たちではありません。国の仕事をしているけれど、国民の代表ではないのです。

国務大臣は、各省庁が自分たちの利権を拡大しようと動くのを、国民の代表としてコントロールし、国民の利益（国益）のために働く責務があると言えるでしょう。

▼「文民」とは何か？

日本国憲法では、内閣総理大臣と国務大臣は「文民」であることが規定されています。

第六十六条（一部）
2　内閣総理大臣その他の国務大臣は、文民でなければならない。

文民とは、職業軍人ではない人のことです。職業軍人とは、志願して陸軍や空軍などの軍隊に所属し、軍人として仕事をしている人のことを指します。日本では、戦前・戦中の軍人が該当します。現在の自衛隊は軍隊ではないとされているので、職業軍人は存在しません。

このような規定があるのは、戦前の日本では軍人出身の大臣が力を持ち、内閣を牛耳っていたからです。軍部が力を握ったことが、日本が戦争に突き進んだ原因の一つだという反省から、軍人出身の大臣が出ないようにしたのです。

これを「シビリアン・コントロール（文民統制）」と言います。

現在、国の防衛に関する重要事項は、内閣に設けられた国家安全保障会議（日本版NSC、National Security Council）で審議されます。また、自衛隊の最高指揮権は、文民である内閣総理大臣が持っています。自衛隊を統轄する防衛大臣も文民です。

第6章 司法

原文

第七十六条**〔司法権の機関と裁判官の職務上の独立〕**すべて司法権は、最高裁判所及び法律の定めるところにより設置する下級裁判所に属する。

2 特別裁判所は、これを設置することができない。行政機関は、終審として裁判を行ふことができない。

3 すべて裁判官は、その良心に従ひ独立してその職権を行ひ、この憲法及び法律にのみ拘束される。

第七十七条**〔最高裁判所の規則制定権〕**最高裁判所は、訴訟に関する手続、弁護士、裁判所の内部規律及び司法事務処理に関する事項について、規則を定める権限を有する。

2 検察官は、最高裁判所の定める規則に従はなければならない。

3 最高裁判所は、下級裁判所に関する規則を定める権限を、下級裁判所に委任することができる。

第七十八条**〔裁判官の身分の保障〕**裁判官は、裁判により、心身の故障のために職務を執《と》ることができないと決定された場合を除いては、公の弾劾によらなければ罷免されない。裁判官の懲戒《ちょうかい》処分は、行政機関がこれを行ふことはできない。

第七十九条 **〔最高裁判所の構成及び裁判官任命の国民審査〕** 最高裁判所は、その長たる裁判官及び法律の定める員数のその他の裁判官でこれを構成し、その長たる裁判官以外の裁判官は、内閣でこれを任命する。

2 最高裁判所の裁判官の任命は、その任命後初めて行はれる衆議院議員総選挙の際国民の審査に付し、その後十年を経過した後初めて行はれる衆議院議員総選挙の際更《さら》に審査に付し、その後も同様とする。

3 前項の場合において、投票者の多数が裁判官の罷免を可とするときは、その裁判官は、罷免される。

4 審査に関する事項は、法律でこれを定める。

5 最高裁判所の裁判官は、法律の定める年齢《ねんれい》に達した時に退官する。

6 最高裁判所の裁判官は、すべて定期に相当額の報酬《ほうしゅう》を受ける。この報酬は、在任中、これを減額することができない。

第八十条 **〔下級裁判所の裁判官〕** 下級裁判所の裁判官は、最高裁判所の指名した者の名簿《めいぼ》によつて、内閣でこれを任命する。その裁判官は、任期を十年とし、再任されることができる。但し、法律の定める年齢に達した時には退官する。

2　下級裁判所の裁判官は、すべて定期に相当額の報酬を受ける。この報酬は、在任中、これを減額することができない。

第八十一条〔**最高裁判所の法令審査権**〕最高裁判所は、一切の法律、命令、規則又は処分が憲法に適合するかしないかを決定する権限を有する終審裁判所である。

第八十二条〔**対審及び判決の公開**〕裁判の対審及び判決は、公開法廷でこれを行ふ。

2　裁判所が、裁判官の全員一致で、公の秩序又は善良の風俗《ふうぞく》を害する虞《おそれ》があると決した場合には、対審は、公開しないでこれを行ふことができる。但し、政治犯罪、出版に関する犯罪又はこの憲法第三章で保障する国民の権利が問題となつてゐる事件の対審は、常にこれを公開しなければならない。

現代語訳

第七十六条〔**司法権の機関と裁判官の職務上の独立**〕法律に基づいて争いごとを裁く司法権は、最高裁判所と、裁判所法という法律によって設置された下級裁判所だけに認められています。下級裁判所は、高等裁判所（通常は控訴審を行う）、地方裁判所（通常は第一審を行う）、家庭裁判所（少年犯罪や家庭内の争いごとを裁く）、簡易裁判所（軽犯罪や小さな争いごとの第一審を行う）の四種類があります。

2　大日本帝国憲法時代の軍法会議、行政裁判所、皇室裁判所といった、特定の地域・身分・事件だけを扱う特別裁判所を設置することはできません。また、行政機関が裁判所に代わって、最終的に法的な争いごとを裁くことはできません。

3　すべての裁判官は、自分の良心にしたがって、権力者や他のだれからも圧力や干渉を受けずに、独立して裁判を行い、憲法と法律以外の何ものにもしばられることはありません。

第七十七条　**〔最高裁判所の規則制定権〕**　最高裁判所は、裁判に関する手続き、弁護士、裁判所内部の決まりや裁判に関する事務処理について、それらの規則を定めることができます。

2　検察官は、行政組織である法務省の検察庁に所属していますが、裁判所の中では、最高裁判所が決めた規則にしたがわなければなりません。

3　最高裁判所は、下級裁判所に関する規則づくりを、各下級裁判所に任せることができます。

第七十八条　**〔裁判官の身分の保障〕**　裁判官は、回復が難しい心身の不調によって仕事をすることができないと、裁判所の中で決定された場合を除いては、国会による弾劾裁判でなければ、辞めさせることはできません。また、行政機関が、裁判官の義務違反に対して、懲戒処分（戒告と一万円以下の過料）を行うことはできません。

第七十九条　**〔最高裁判所の構成及び裁判官任命の国民審査〕**　最高裁判所は、内閣の指名に基づき、天皇が任命する最高裁判所長官と、内閣が任命して天皇が認証する最高裁判所判事と呼ばれる、その他の裁判官十四人によって構成されています。最高裁判所判事の人数などは、法律に基づき定められています。
2　最高裁判所の裁判官は、任命後に初めて行われる衆議院議員総選挙のときに、国民審査を受けます。その後、十年を経て初めて行われる衆議院議員総選挙のときにも国民審査を受け、それ以後も同様にくり返し審査を受けます。
3　衆議院議員総選挙の有権者が、国民審査の審査権を持っています。適任ではないから辞めさせたいと思う裁判官がいれば、投票用紙に書かれてある審査を受ける裁判官の氏名の上に×印をつけて投票します。投票者の過半数に×印をつけられた裁判官は、辞めさせられます。
4　国民審査に関することは、最高裁判所裁判官国民審査法という法律で定められています。
5　最高裁判所の裁判官は、裁判所法という法律に基づき、定年の満七十歳になったら退官（公務員の職を退くこと）します。
6　最高裁判所のすべての裁判官は、たとえば賄賂を受け取るような経済的依存をせずに、公正な裁判が行えるよう、重要な任務に見合った金額の報酬を定期的に受けます。この報酬の金額は、在任中、減らされることはありません。
第八十条**〔下級裁判所の裁判官〕**下級裁判所の裁判官（高等裁判所長官、判事、判事補、簡易裁判所判事）は、最高裁判所のつくった指名名簿に基づいて、内閣が任命します。裁判官の任期は十年ですが、再び任命されれば、さらに十年の再任も可能です。ただし、裁判所法という法律に基づき、定年になったら退官します。定年は、簡易裁判所判事は満七十歳、その他の裁判官は満六十五歳です。

2　下級裁判所のすべての裁判官は、最高裁判所の裁判官と同様に、重要な任務に見合った金額の報酬を定期的に受けます。この報酬の金額は、在任中、減らされることはありません。

第八十一条**〔最高裁判所の法令審査権〕**裁判所は、すべての法律や条例、命令、規則、処分などが憲法に違反していないかどうかを判断する、違憲審査の権限を持っています。これを違憲立法審査権（法令審査権）といい、最高裁判所は、この権限を持つ終審の裁判所です。終審の裁判所とは、地方裁判所での第一審の裁判から、高等裁判所での第二審（控訴審）、最高裁判所での第三審（上告審）と、より上級裁判所へ裁判のやり直しを求めることができる裁判の審級制度において、最終的な動かせない判決を下す裁判所のことです。

第八十二条**〔対審及び判決の公開〕**裁判は公正を期するため、原則としてだれもが傍聴できる公開の法廷で行わなければなりません。公開されなければならないのは、訴訟当事者が、裁判官の面前で、口頭でそれぞれの主張を闘わせる対審と、裁判官が裁判の結論を言い渡す判決です。

2　対審だけは、裁判所が裁判官の全員一致で、たとえば公開によって騒ぎが起きそうな場合や、わいせつなどの理由から不快にさせる場合など、社会一般の秩序や風俗に悪影響を与える、いわゆる公序良俗に反する恐れがあると決定したときは、非公開で行うこともできます。ただし、政治犯罪や出版に関する犯罪、あるいはこの憲法の第三章で決められている国民の権利が問題となっている、基本的人権を侵害する法律・命令違反などの事件の対審は、必ず公開しなければなりません。

解説

◆世の争いごとを解決するための「司法」

司法権とは、社会で発生する様々な争いについて、法に基づいて裁判を行う権限のことです。

第七十六条（一部）すべて司法権は、最高裁判所及び法律の定めるところにより設置する下級裁判所に属する。

裁判所（司法権）は、政治的な圧力などの影響を受けずに公平な裁判を行うために、国会（立法権）や内閣（行政権）から分離しています。これを「司法権の独立」と言います。

権力者が司法権を濫用して、気に入らない人に重罰を科したり、逆に、権力者やその関係者などが訴えられた際、裁判官に圧力をかけて罪を軽くしたりしないようにしているわけです。

裁判官は、身の危険を感じたり、政治的な妨害が入ったりしないよう、身分や職権が憲法でしっかりと保障されています。また、病気で仕事を続けられない場合や、弾劾裁判所の裁判で罷免されない限りは、裁判官を辞めさせることはできない仕組みになっています。

なお、最高裁判所の裁判官は、衆議院議員選挙のときに行われる国民審査で、投票した人の多くが「辞めさせてもよい」と判断した場合には免職となります。

しかし今まで、国民審査によって裁判官が辞めさせられた事例は存在しません。

▼裁判にはいくつかの種類がある

裁判所は、最高裁判所とその下位に置かれる下級裁判所があります。下級裁判所は、高等裁判所、地方裁判所、家庭裁判所、簡易裁判所の四種類です。

裁判には、刑事裁判と民事裁判があります。

刑事裁判は、窃盗や殺人未遂などの罪を犯した疑いのある人について、有罪か無罪か、また有罪の場合はどれくらいの刑罰を与えるかを決める裁判です。

▼裁判所の種類と関係性

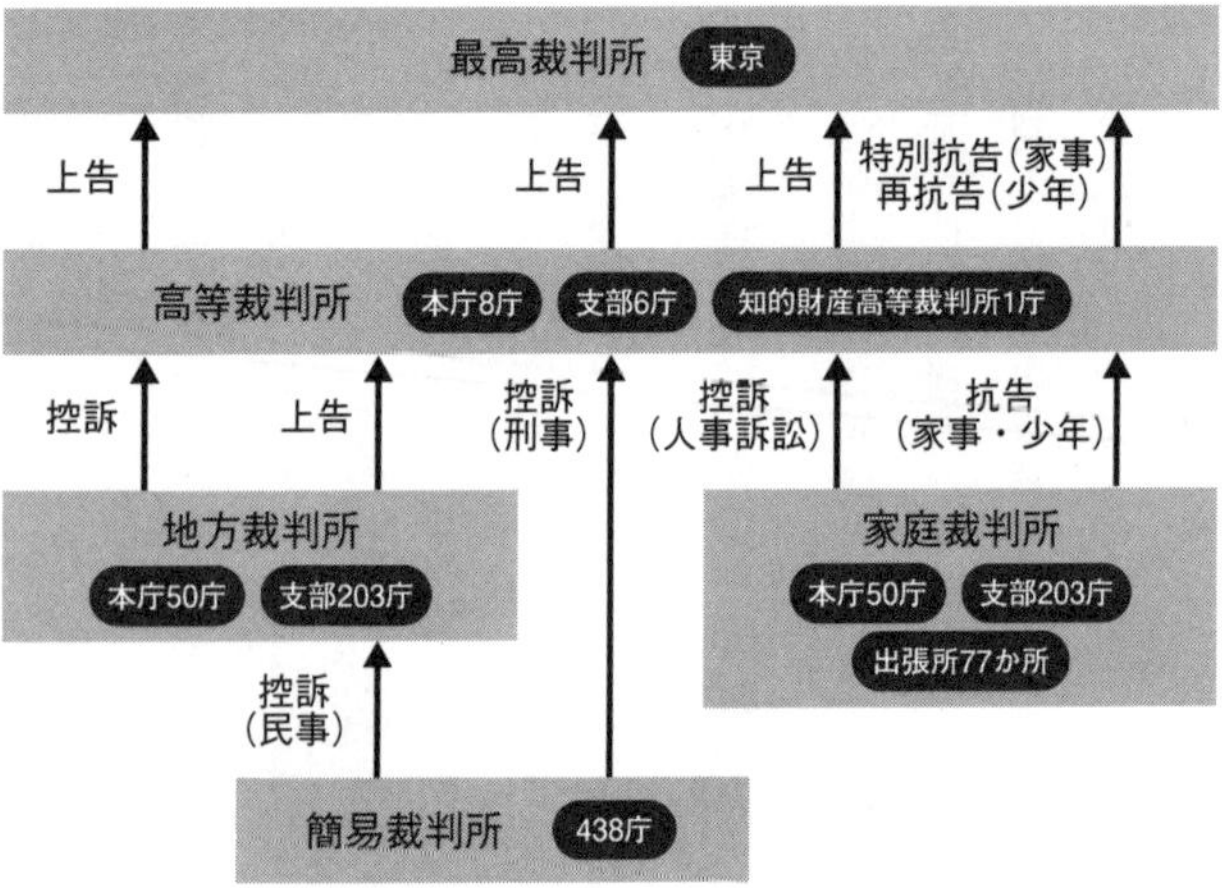

出典：裁判所ホームページの図をもとにSBクリエイティブ株式会社が作成

一方民事裁判は、「貸したお金を返してくれない」など、個人や団体の間の争いごとを扱う裁判です。民事裁判では、当事者同士がお互いに主張を譲り合って争いを解決（和解）すれば、その時点で裁判が終了することもあります。また、裁判よりも手続きが簡単で、話し合いによってお互いが合意すること（調停）で解決する方法もあります。

民事裁判の一つである行政裁判は、国民や住民が、国や地方公共団体を相手取って訴えを起こす裁判です。

たとえば二〇二二年、故安倍晋三元内閣総理大臣の国葬について、市民団体が「憲法が保障する思想・良心の自由に反する」

として、国に実施と予算の支出をやめるよう東京地方裁判所へ訴えを起こしました。

▼裁判は三度までやり直しできる

裁判で出される判決は、裁判所が法に基づいて下した決定です。したがって、当事者はその決定には従わなければいけません。

しかし、一度きりの裁判で決められてしまうと、「証拠が不十分だったのではないか」「裁判官の判断がおかしかったのではないか」など、不満に感じることもあるかもしれません。

裁判での判決は、とても重要な決定です。だからこそ、裁判には再度のチャンスが設けられています。判決に不服ならば、上級の裁判所にやり直しを求めることができます。

一回目の判決を不服として上訴することを「控訴」、二回目の判決を不服として上訴することを「上告」と言います。

合計三度まで裁判ができるこの制度は、「三審制」と呼ばれます。最終的な裁判は最高裁判所で行われ、そこで決定されたことは覆すことができません。

しかし、刑事裁判で被告人の有罪が確定した後でも、新たな証拠が出てきたり、提出された証拠が嘘だったりした場合には、裁判のやり直し（再審）ができます。これは、無実の罪で刑罰を受けること（冤罪《えんざい》）を防ぐための仕組みです。

また、検察官によって不起訴が決定したとき、これに不服なら、その判断が妥当かどうかを審査する制度があります。これを「検察審査会」と言います。一つの事件に対して、起訴すべきだという決定が二度出されたら、訴えられた人は強制的に起訴されます。

二〇二二年六月、元自衛官の五ノ井里奈《ごのいりな》さんが、自衛隊で受けた性被害を、実名と顔を出してメディアで告白しました。五ノ井さんが起こした訴えに対し、検察庁はこれを不起訴処分としました。これに対して五ノ井さんは、検察審査会に不服申し立てを行いました。検察審査会はこれを「不起訴不当（不起訴の判断には納得できない）」と判断し、検察による再捜査が決定しました。

裁判には、裁判を受ける人や訴える人の公平を期すために、様々な制度が設けられているのです。

なお二十歳未満の少年が罪を犯した場合は、少年法という法律が適用されます。

二〇二二年四月一日から、成人となる年齢は二十歳から十八歳に引き下げられました。

つまり十八・十九歳の人たちは、社会で責任ある役割を果たすべき立場になったのです。

そこで、十八・十九歳の人を「特定少年」として、十七歳以下とは違う扱いをすることが法律で定められ、改正少年法として二〇二二年四月一日から施行されました。

特定少年は、刑事裁判所へ送られる対象になる事件の幅が拡大し、懲役刑の上限が三十年になるなど厳罰化されています。また、起訴された場合の実名や写真の報道禁止が解除されました。

第7章 財政

原　文

第八十三条〔**財政処理の要件**〕国の財政を処理する権限は、国会の議決に基いて、これを行使しなければならない。

第八十四条〔**課税の要件**〕あらたに租税《そぜい》を課し、又は現行の租税を変更《へんこう》するには、法律又は法律の定める条件によることを必要とする。

第八十五条〔**国費支出及び債務《さいむ》負担の要件**〕国費を支出し、又は国が債務を負担するには、国会の議決に基くことを必要とする。

第八十六条〔**予算の作成**〕内閣は、毎会計年度の予算を作成し、国会に提出して、その審議を受け議決を経なければならない。

第八十七条〔**予備費**〕予見し難《がた》い予算の不足に充《あ》てるため、国会の議決に基いて予備費を設け、内閣の責任でこれを支出することができる。

2　すべて予備費の支出については、内閣は、事後に国会の承諾《しょうだく》を得なければならない。

第八十八条〔**皇室財産及び皇室費用**〕すべて皇室財産は、国に属する。すべて皇室の費用は、予算に計上して国会の議決を経なければならない。

第八十九条〔**公の財産の用途制限**〕公金その他の公の財産は、宗教上の組織若しくは団体の使用、便益若しくは維持のため、又は公の支配に属しない慈善《じぜん》、教育若しくは博愛の事業に対し、これを支出し、又はその利用に供してはならない。

第九十条〔**会計検査**〕国の収入支出の決算は、すべて毎年会計検査院がこれを検査し、内閣は、次の年度に、その検査報告とともに、これを国会に提出しなければならない。

2　会計検査院の組織及び権限は、法律でこれを定める。

第九十一条〔**財政状況の報告**〕内閣は、国会及び国民に対し、定期に、少くとも毎年一回、国の財政状況について報告しなければならない。

現代語訳

第八十三条〔**財政処理の要件**〕財政とは、国や地方公共団体が収入を得て、管理し、支出する経済活動のことです。国の収入の多くが国民からの税金であり、それを国民のために使うわけですから、国の財政を処理する権限は、国民の代表が集まる国会の同意が必要とされ、その議決に基づかなければなりません。これは、財政民主主義という財政処理の原則です。

第八十四条〔**課税の要件**〕新たに税金を課したり、たとえば消費税の税率を変えるといった、今の税金を変更する場合は、国会で法律をつくり、法律の条件に基づいて行う必要があります。これを租税法律主義と言います。

第八十五条〔**国費支出及び債務負担の要件**〕国が金銭を支払う場合や、財政上必要な経費を調達するための国債の発行などに代表される、国が金銭を支払う義務を負う場合は、予算という形式で、国会の議決を必要とします。

第八十六条〔**予算の作成**〕国の財政活動は、会計年度という一年度（四月一日から翌年三月三十一日まで）を区切りに行われます。一年度ごとに、国の各機関（中央省庁）からの要望を調整して、財務省主計局が予算の財務省原案をつくり、それを内閣が検討して予算（政府案）を作成します。この予算（国の一年間の支出と収入の見積もり）は、国会に提出され、衆議院、参議院の順に審議・議決が行われ、決定します。

第八十七条〔**予備費**〕災害など不測の事態による出費に充てるため、国会の議決に基づいて予備費を設けておき、内閣の責任で、それを災害復旧や被災者救済などに使用できます。

2　内閣が予備費を何に支出したかについては、すべて国会の事後承諾が必要です。

第八十八条〔**皇室財産及び皇室費用**〕皇室の財産は、すべて国有財産です。皇室の維持にかかるすべての費用は、国の負担として予算に含めるため、毎年、国会の議決が必要です。

第八十九条〔**公の財産の用途制限**〕国や地方公共団体が、特定の宗教的な組織・団体に対して、公的な資金を支出したり、たとえば国有地や公用地といった土地・国の建物などの、公の財産を使用させること、あるいは、宗教活動の継続のために助成金を与えることなどを禁止します。同様に、民間の慈善（身体的・経済的困窮者に対する援助）事業・教育事業などに対しても、支出したり、利用させたりしてはいけません。

第九十条**〔会計検査〕**国の収入支出の決算（一会計年度における国の収入支出の実績を示す総計算）は、会計年度ごとに、内閣から独立した行政機関である会計検査院が検査します。内閣は、決算と会計検査院がつくった検査報告書を一緒にして、翌年度の国会に提出しなければなりません。

2　会計検査院の組織と権限は、会計検査院法という法律に定められています。会計検査院は、三人の検査員で構成する検査官会議と事務総局で組織され、検査官は任期が七年で、衆参両院の同意を経て、内閣が任命します。

第九十一条**〔財政状況の報告〕**内閣は、国会と国民に対して、国の財政状況について、予算と決算の他、国有財産、国の債務状況などを、少なくとも年に一回は報告する義務があります。

解説

◆国の財政はどのように決まる?

▼肝となるのは予算決め

財政とは、国や地方公共団体が行う経済活動のことを指します。その活動とは、国民から税金を集め、行政サービスを提供することです。具体的には、道路や橋といった公共の施設(公共財)の建設、教育、警察や防衛などがあります。

また、集めた税金を社会保険や年金、生活保護などの社会保障制度に使うことで、所得の格差を小さくすることも行っています。さらに、景気変動に応じて減税を行ったり、公共事業を行ったりして、景気を安定させるように努力します。

中でも大事なのが、国の予算を決めることです。**予算は、収入(歳入)と支出(歳出)を合わせたもので、予算案は国会に提出され、議決を受けて執行**されます。

第八十五条　国費を支出し、又は国が債務を負担するには、国会の議決に基くことを必要とする。
第八十六条　内閣は、毎会計年度の予算を作成し、国会に提出して、その審議を受け議決を経なければならない。

予算には、社会保障や公共事業、防衛、教育など、政府の行政にかかわる「一般会計」と、ある特定の事業に使われたり、資金を運用したりするのに使われる「特別会計」の二種類があります。特別会計は、目的別に設けられています。

二〇二一年度は十三の特別会計が設置され、歳出総額は四九三兆七〇〇〇億円です。公的年金も、特別会計に含まれています。

四月一日から翌年三月三十一日まで実施される予算が、本予算（当初予算）です。その途中で予想外のことが起こり、予算に不足が出たりして内容を変える必要が生じた場合に組まれる予算を、「補正予算」と言います。

二〇二二年度の日本の本予算（当初予算）は、一〇七兆五九六四億円です。

収入（歳入）と支出（歳出）の実績である決算は、会計検査院でその使いみちが適切なものだったか検査を受け、内閣が国会に提出します。

また、内閣の責任で支出できるお金として「予備費」があります。これは、緊急の対策が必要なときに支出されます。

二〇二二年度は、新型コロナウイルス感染症や、電気・ガス・食品などの値上がりに対する緊急支援、燃料価格の急激な値上がりを緩和する対策などに支出されました。

「当初予算にないお金がどこから出てくるのだろう、使途不明金ではないか」と感じる方がいるかもしれませんが、決してそうではないのです。

予備費は、使った後に必ず国会の承認を得なければなりません。そのため、欲しいものは何でも買える「魔法の財布」ではないことを知っておきましょう。

▼お金の使いみちを決めるのはだれ?

国の仕事を行う原資——エンジンの源は、国民が納める税金です。したがって、そのお金をどう配分し、どう使うかは、税金を納めた国民が決めるのが筋です。

そこで、国民が選挙で選んだ代表が集まり、話し合って決めていく方法が採用されています。そのための場が国会です。もし、税金だけを徴収して、国民の意見を聞かないという国や組織があったらどうでしょうか。国民は大きく反発するはずです。

アメリカがイギリスの植民地だった一七六五年、イギリスはアメリカで発行される本や書類のすべてに、イギリスで発行した印紙を貼ることを義務づける法律を出しました。印紙を貼ることで、イギリスは植民地のアメリカから手数料（税金）を徴収しようとしたのです。

しかし、これはアメリカにとって、国内の製品に新たに関税をかけられたようなものでした。当然、人々は自治権を侵害されたとして激しく反発しました。

このとき、植民地からの独立を目指す政治活動家のジェイムズ・オーティスは、この法律を撤廃させる会議でこう主張します。

「代表なくして課税なし」

植民地のアメリカは、イギリスの議会に代表を送っていない。だから、イギリス議会はアメリカに課税する権利を持たない。オーティスはこう述べたのです。政治に参加する権利と納税の義務は一体だという考えに基づいたものでした。

現在の日本では、法律によって決められたもの以外の税金を課すことはできないように定められています。それによって、**私たちに保障された財産権が、国家権力によって不当に侵害されないように守られている**のです。

第8章 地方自治

原文

第九十二条〔**地方自治の本旨《ほんし》の確保**〕地方公共団体の組織及び運営に関する事項は、地方自治の本旨に基いて、法律でこれを定める。

第九十三条〔**地方公共団体の機関**〕地方公共団体には、法律の定めるところにより、その議事機関として議会を設置する。

2　地方公共団体の長、その議会の議員及び法律の定めるその他の吏員《りいん》は、その地方公共団体の住民が、直接これを選挙する。

第九十四条〔**地方公共団体の権能**〕地方公共団体は、その財産を管理し、事務を処理し、及び行政を執行《しっこう》する権能を有し、法律の範囲内で条例を制定することができる。

第九十五条〔**一の地方公共団体のみに適用される特別法**〕一の地方公共団体のみに適用される特別法は、法律の定めるところにより、その地方公共団体の住民の投票においてその過半数の同意を得なければ、国会は、これを制定することができない。

現代語訳

第九十二条〔**地方自治の本旨の確保**〕 都道府県や市町村など地方公共団体の組織と運営に関することは、地方自治の本来の目的に基づいた、地方自治法という法律で定めています。地方自治の本来の目的には、団体自治（国から独立した地方公共団体が、その地域の実情に合った政治を行うこと）と、住民自治（地域住民の意思に基づいて政治を行うこと）という基本原則があります。地方自治とは、地方の政治は地域住民が自ら参加し、自分たちの責任のもとに、自分たちで行うべきだとするものです。

第九十三条〔**地方公共団体の機関**〕 地方公共団体には、地方自治法という法律に基づき、都道府県議会や市区町村議会など、議決機関としての地方議会が設置されています。一院制の地方議会は、条例や予算をつくり、行政の進め方や決算を調べます。

2　地方公共団体の首長（都道府県知事、市区町村長）と都道府県議会議員、市区町村議会議員などは、地域住民が直接選挙によって選びます。首長と議員の任期は四年で、被選挙権は首長の都道府県知事が満三十歳以上、市区町村長は満二十五歳以上、議員は満二十五歳以上です。

第九十四条〔**地方公共団体の権能**〕 地方公共団体は、その地域の財産管理権と、議会の決めた条例や予算をもとに行政を行う行政権を持ち、住民の暮らしに密接する公的サービス（自治事務）と、国から任された仕事（戸籍・住民登録、社会保険、国会議員選挙事務などの法定受託事務）を行います。首長を中心に、その補助を行う副知事と出納長、行政委員会（教育委員会、選挙管理委員会、公安委員会、監査委員など）などが、執行機関として行政を進めます。また、法律に違反しない限りで、その地方公共団体だけに適用される決まりとしての条例を作成できます。

第九十五条**〔一の地方公共団体のみに適用される特別法〕**　原則として、国会の議決で法律は成立しますが、国会が特定の地方公共団体だけに適用される特別法（特定の地域・人・事項に限って適用される法律。この場合は、特定の地方公共団体だけに適用される法律のこと）を制定する場合は、その地方公共団体の住民投票で、過半数の同意を得なければなりません。地方の政治は、地域住民が直接政治に参加する直接民主制です。地域住民には、この地方特別法に対する住民投票権を始め、条例の制定・改廃請求や、首長・議員・役員の解職請求（リコール）等に対する直接請求権なども認められています。

解説

◆国が決めた法律だけでは、実は不十分？

▼地方自治は民主政治に一役買っている

地方自治とは、そこに住む住民が、身近な問題を自らの手で解決する仕組みのことです。

第九十二条　地方公共団体の組織及び運営に関する事項は、地方自治の本旨に基いて、法律でこれを定める。

実は、中央政府の力が強かった大日本帝国憲法では、地方自治の規定がありませんでした。地方公共団体は、中央政府が決めた政策を各地に伝播させる支部のような役割だったのです。知事は天皇によって任命され、市町村長を指揮・監督する官僚のような存在でした。

今は、知事にもいろいろなキャラクターの方がいますよね。ゆるキャラと一緒に公の場やメディアに登場したり、地方のコマーシャルに出たりと、各地の特色をアピールすることに長けている印象の方が多いように思います。

地方公共団体は、ある程度独立して政治を行うことができます。法律の範囲内で独自の条例を定める権限、つまり立法権と行政権を持っているのです。

また、地方公共団体の長（首長）と議会の議員は、住民の直接投票で選ばれます。

イギリスの法学者のジェームズ・ブライスは、**「地方自治は民主政治の最良の学校」**と述べています。自分が住む地域の政治を自分たちの手で行う（自治）ことで、民主主義がどんなものかを体感できる。そのことが、民主的な国づくりにもつながるという意味です。

自分の住む地域の特色、ご当地グルメや観光名所、祭りなどの魅力的な面と、「もう少しこうだといいのに」と感じる面の両方を挙げてみてください。

そうすれば、今みなさんがいる地域の輪郭が自然とはっきりしてくるでしょう。

▼今、注目される地方自治

これまでの地方行政は、国の関与が大きく、独自の政策をすることが難しい状態でした。戦前とは様変わりしたとはいえ、もともと地方公共団体は、国が命じた仕事をそのまま行う場合も多かったのです。

そこで、国と地方公共団体が、上下関係から対等な協力関係になるように、一九九九年に地方分権一括法が成立し、翌二〇〇〇年から施行されました。また、地域の活性化のために特区が設けられ、その地域に限り、ある分野の規制緩和を行う政策が始まりました。

また、地方分権を進めて行政をスムーズに行うため、市町村合併が進められました。同時に、地方財政の見直しも行われました。

地方交付税や、国庫支出金という言葉を聞いたことがあるでしょうか。多くの地方公共団体は、地方税だけではお金が足りないため、国から支援を受けています。

地方交付税は、所得税や法人税、消費税などを、一定の割合で地方公共団体へ公付する税金です。これは比較的自由に使うことができます。

もう一つの国庫支出金は、あらかじめ使いみちが指定されたお金です。

二〇〇〇年代前半、当時の小泉純一郎内閣のもとで、国庫補助金の見直し、税源の地方への移譲、地方交付税改革の三つが進められました。これを「三位一体の改革」と言います。

その地域固有の問題は、その地域の自治によって解決できたほうがいい。国全体を動かすのは時間がかかりますが、地方単位だとより早く対応できます。

また住民には、首長や議員をリコール（解職を要求する）する権利もあります。住民の意思が直接反映されやすい形を取れるのが、地方自治の特色だと言えるでしょう。

コラム⑦

海外の憲法をのぞき見！ ドイツ「ドイツ連邦共和国基本法」

ドイツの憲法は、改正された回数が非常に多いことが特徴です。二〇二二年時点で、西ドイツ時代に三十五回、統一されてからは二十九回、合計六十四回も改正されています。たった一度の憲法改正も行っていない日本人の感覚からすれば、驚くような回数の多さです。

背景には、東西ドイツの統一に至るまでの歩みがかかわっています。

一九九〇年に東西が統一され、ドイツは新憲法をつくることになりました。そのとき、二つの選択肢がありました。一つは、全く新しい憲法を東西ドイツ共同でつくること、もう一つは西ドイツの憲法（ボン基本法）を改正して対応することです。人々は、後者を選択しました。

なぜなら、東ドイツに大きな影響を与えていたソ連の出方を気にしていたからです。

当時のソ連の大統領は、二〇二二年八月に亡くなったミハイル・ゴルバチョフでした。彼は、ソ連の指導者の中でも非常に西側諸国寄りの考えを持ち、言論・報道の自由を認めるグラスノスチ（情報公開）政策や、ペレストロイカという経済改革を行いました。

改革路線で西側諸国には人気があったゴルバチョフですが、もしも政権が倒れた場合、ソ連の出方が変わってしまうかもしれない。そうしたら、統一ができなくなる恐れがある。新しいドイツとして一から憲法を制定することが理想的だが、時間がかかるのは避けたい。そう考えたドイツは、ボン基本法の改正、つまり暫定版で間に合わせたわけです。

憲法改正というと、根本から変わってしまうのかと思いがちですが、ドイツのように政党がしっかり機能していれば、それほど心配することはないのです。

理解を深める!

✓最高裁判所の判事を辞めさせるかどうかについて、現在は衆議院議員選挙の際に、辞めさせたい人に×をつけることになっている。この方法について、あなたはどう思うだろうか。

(＊ヒント:「判事の仕事を続けてほしい人に○をつける方法」を採用した場合、選挙結果は同じになるだろうか)

✓地方自治において、地方の独自性はどこまで打ち出せるだろうか。また、全国統一の基準にしておいたほうがよいことは何だろう。行政や教育、福祉などの項目で考えてみよう。

(＊ヒント:ふるさと納税、パートナーシップ条例)

7時間目
憲法自体に関する決まり

第9章 改正

原文

第九十六条【憲法改正の発議、国民投票及び公布】この憲法の改正は、各議院の総議員の三分の二以上の賛成で、国会が、これを発議し、国民に提案してその承認を経なければならない。この承認には、特別の国民投票又は国会の定める選挙の際行はれる投票において、その過半数の賛成を必要とする。

2　憲法改正について前項の承認を経たときは、天皇は、国民の名で、この憲法と一体を成すものとして、直ちにこれを公布する。

現代語訳

第九十六条【憲法改正の発議、国民投票及び公布】日本国憲法を改正するには、まず、国会議員（衆議院百人以上、参議院五十人以上）の賛成による改正原案が国会に提出されます。これを衆参両院の憲法審査会が可決し、衆参両院の総議員の三分の二以上の賛成が得られれば、憲法改正の議案として、国民に提案されます。これが国民に承認されなければならず、特別な国民投票か、衆議院議員総選挙または参議院議員通常選挙とともに行われる国民投票で、有権者の過半数の賛成を得ることが必要です。

2　国民の承認を得た場合、憲法は改正されることになり、天皇は改正された条文を、国民の名のもとに、すぐに公布しなければいけません。

第10章 最高法規

原文

第九十七条〔**基本的人権の由来特質**〕この憲法が日本国民に保障する基本的人権は、人類の多年にわたる自由獲得《かくとく》の努力の成果であつて、これらの権利は、過去幾多《いくた》の試錬《しれん》に堪《た》へ、現在及び将来の国民に対し、侵すことのできない永久の権利として信託されたものである。

第九十八条〔**憲法の最高性と条約及び国際法規の遵守《じゅんしゅ》**〕この憲法は、国の最高法規であつて、その条規に反する法律、命令、詔勅及び国務に関するその他の行為の全部又は一部は、その効力を有しない。

2　日本国が締結した条約及び確立された国際法規は、これを誠実に遵守することを必要とする。

第九十九条〔**憲法尊重擁護《ようご》の義務**〕天皇又は摂政及び国務大臣、国会議員、裁判官その他の公務員は、この憲法を尊重し擁護する義務を負ふ。

現代語訳

第九十七条 **〔基本的人権の由来特質〕** 日本国憲法が日本国民に保障する基本的人権は、人類が歴史上、迫害や差別、戦争などの様々な試練を乗り越え、自由を獲得するために努力してきた結果として手に入れた権利です。この権利は、現在と未来の国民に託された、侵すことのできない永久の権利です。

第九十八条 **〔憲法の最高性と条約及び国際法規の遵守〕** この憲法は、国の法令の中の最高の決まりであり、国会が制定する法律、内閣が制定する政令、天皇の詔勅（天皇が国事行為として示す文書や言葉）、その他一切の行政行為は、憲法に違反してはいけません。違反するものは、すべて無効です。

2 日本が外国と締結した条約と、国際社会で一般的に認められた国際法は、誠実に守る必要があります。

第九十九条 **〔憲法尊重擁護の義務〕** 天皇、国務大臣、国会議員、裁判官、その他の各省庁の国家公務員や地方公共団体の地方公務員は、この憲法を尊重し、守ることが義務づけられています。それは、この憲法が国民の自由と権利を保障するために、国家権力を行使する権力者に向けて、守るべきことを定めた決まりだからです。

第11章 補則

原文

第百条〔**施行期日と施行前の準備行為**〕この憲法は、公布の日から起算して六箇月《ろっかげつ》を経過した日から、これを施行する。

2　この憲法を施行するために必要な法律の制定、参議院議員の選挙及び国会召集の手続並びにこの憲法を施行するために必要な準備手続は、前項の期日よりも前に、これを行ふことができる。

第百一条〔**参議院成立前の国会**〕この憲法施行の際、参議院がまだ成立してゐないときは、その成立するまでの間、衆議院は、国会としての権限を行ふ。

第百二条〔**参議院議員の任期の経過的特例**〕この憲法による第一期の参議院議員のうち、その半数の者の任期は、これを三年とする。その議員は、法律の定めるところにより、これを定める。

第百三条〔**公務員の地位に関する経過規定**〕この憲法施行の際現に在職する国務大臣、衆議院議員及び裁判官並びにその他の公務員で、その地位に相応する地位がこの憲法で認められてゐる者は、法律で特別の定をした場合を除いては、この憲法施行のため、当然にはその地位を失ふことはない。但し、この憲法によつて、後任者が選挙又は任命されたときは、当然その地位を失ふ。

現代語訳

第百条〔**施行期日と施行前の準備行為**〕日本国憲法は、一九四六（昭和二十一）年十一月三日の公布の日から数えて六か月後、つまり一九四七（昭和二十二）年五月三日から施行（公布された法令の効力を現実に発生させること）します。

2　この憲法の施行に必要な法律の制定、参議院議員選挙、国会召集の手続き、その他の準備は、施行日よりも前に行うことができます。

第百一条〔**参議院成立前の国会**〕この憲法を施行するときに新設される参議院が、まだ成立していなければ、それまでの間、衆議院が国会としての仕事を行います。

第百二条〔**参議院議員の任期の経過的特例**〕参議院議員の任期は六年とし、三年ごとに議員の半数を改選すると決めたため、この憲法が成立して最初に選ばれた参議院議員に限って、その半数の任期は三年になります。この第一期の選挙で選ばれた議員のうち、得票数の多い半数の議員の任期を六年とし、残りの半数の議員の任期を三年とすることが、参議院議員選挙法（一九五〇年に公職選挙法に統合）という法律で定められています。

第百三条〔**公務員の地位に関する経過規定**〕この憲法が施行されたとき、大日本帝国憲法時代の枢密院や貴族院などは廃止され、そこに所属していた人も、その地位を失いました。けれども、在職している国務大臣、衆議院議員、裁判官、その他の公務員で、大日本帝国憲法から日本国憲法となっても、引き続きその地位に相当する地位が、日本国憲法に定められていれば、辞める必要はありません。ただし、この憲法による選挙や任命によって、仕事を引き継ぐ後任者が決まったときは、交代するため退官しなければなりません。

解説

◆憲法改正のルールはどうなっている？

▼これまで改正されなかった理由・その一「骨太」

四時間目でも触れましたが、日本国憲法は非常に改正がしづらい仕組みの憲法（硬性憲法）です。それもあって、ここまで改正されてきませんでした。

しかし、改正をしてこなかった理由は、それ以外にもいくつかあります。

一つは、**憲法を改正しなくても、法律の改正で現実への対応が可能であった**ことです。

日本国憲法は、比較的シンプルなつくりです。建築物で言えば、細い柱をたくさん並べ建てたものではなく、いくつかの大きな骨組みが力強く組み合わさった構造です。各種法律は、その骨組みを土台につくられています。

たとえば、働く人の権利を定めた労働三権の下には、具体的な事柄を定めた個別の労働権が対応しています。

五時間目でも取り上げたように、労働三権には、労働時間や賃金の支払い方法を定めた「労働基準法」、組合をつくって雇用者と話し合いができることを保障する「労働組合法」、働く人と雇用者の間のもめごとの予防や、解決法についてまとめた「労働関係調整法」があります。

労働者を保護するための法律は、これら労働三法以外にもあります。ただ、労働をめぐる問題が起こったときは、たとえば労働三権（憲法）の改正ではなく、労働三法（法律）の改正や、新規の条文追加、法律作成で対応できる仕組みになっているのです。

教育の問題ならば、教育基本法や学校教育法、裁判の問題ならば、民事訴訟法や刑事訴訟法など、憲法そのものを改正しなくても、法律の改正で対応可能です。

労働・社会保険関係だけでも、二〇一〇年代末以降、育児・介護休業法、女性活躍・ハラスメント規制法、年金制度改正法、健康保険法、雇用保険法などが改正・施行されました。二〇二三年にも、働き方改革関連法の一部、年金制度改正法の施行が予定されています。

このように、憲法そのものの骨組みがしっかりしていれば、現実の社会の状況に合わせた柔軟な対応ができます。デッサンのしっかりした絵のように、細かい表情の描き込みや肉づけが自由自在にできるのです。

▼改正されなかった理由・その二「柔軟な解釈ができる」

日本国憲法がこれまで改正されてこなかったもう一つの理由は、その文章が多様に解釈できることにあります。

憲法の条文は、ある程度抽象的な日本語で書かれています。そのため、**時代ごとの社会の状況によって、幅を持った解釈が可能**です。

たとえば、何か新しい問題や現象が生じたときにも、憲法条文をつくり直すことなく、「では、憲法上はそれをこのように解釈しよう」「その上で、このような法律をつくろう」と柔軟に対応することができるわけです。

柔軟に解釈できる代表とも言えるのが、憲法第九条です。

硬性憲法であることは、たしかに改正を難しくする一つの要因です。

ただ、現実においては、改正しづらいから変えられなかったということ以前に、「憲法を改正しなくても特に困らなかった」という事情もあるのです。

憲法自体を修正するのではなく、新規に法律をつくって対応した事例で言えば、「自衛隊法」「新型インフルエンザ等対策特別措置法」などが挙げられます。

日本はこのように、憲法改正ではなく立法――つまり法律を定めることによって、時代の変化に対応してきたと言えるでしょう。

世界最古の木造建築の法隆寺五重塔は、心柱という太い柱が真ん中に通っています。その周りには四本の天柱と十二本の側柱があり、塔の重さを支えています。このようなシンプルなつくりで、一三〇〇年以上も創建時の姿を保ってきました。

日本国憲法もそれと同じように、修理が少なくて済む骨太なつくりの、解釈の幅が広く与えられている憲法なのです。

▼憲法はどこまで改正できるのか？

日本国憲法を見直そうという機運が高まり、いざ改正となった場合、やはり一番議論になるのは第九条でしょう。

第二次世界大戦後、日本の社会が比較的うまくいったのは、今の憲法のおかげだと考える人は相当数存在します。その人たちは、憲法がたやすく変えられることになれば、日本はどんどん不安定になり、再び戦争に突入するのではないかという不安を抱いています。

一方で、このままでは日本を守れないのではないかと危機感を持ち、憲法で最低限、自衛隊の存在を認めることの必要性を訴える人たちもいます。

ここで、世界地図を思い浮かべてください。日本の周囲には、独裁的な権力を持ったロシア、中国、北朝鮮などの強権国家があります。

今、これらの国を含んだ東アジア、ヨーロッパの情勢は非常に不穏で、先行きも不透明です。状況が急変し、日本が近い将来、戦争に巻き込まれる可能性が一切ないとは言い切れない状況でしょう。

もし万が一そうなったとき、日本は憲法を改正しないまま、軍備を増強して実際の戦闘状態に入らざるを得ないかもしれません。

主権国家に認められた自衛権を前提に、必要最小限度の実力を行使することは、憲法第九条の解釈として可能との見方もあります。

しかし、それ以上の力を日本が国際社会で用いたとしたらどうでしょう。そのような事実をつくってしまったら、憲法が「都合しだいで破ってもいいもの」になってしまいます。

これは、憲法を守りたい人にとっても、変えたい人にとっても非常によくない状況です。なぜなら、みんなが大切にしてきた憲法の価値がなくなってしまうからです。

その他、改正の条項として挙がりそうなのは、「新しい人権」です。五時間目でもご説明しましたが、同性婚の問題などはテーマになりそうです。

改正とは少し別の視点で言うと、日本国憲法自体は改正されていませんが、人権の範囲はずいぶんと拡大したと思います。

大きな役目を果たしたのが、「ハラスメント（嫌がらせ）」という言葉の登場です。以前ならば泣き寝入りするしかなかった立場の弱い人が、この言葉があることで「自分が受けているのはハラスメントだ」と気づけるようになりました。

一つの言葉の登場で、これまでグレーゾーンとされていた領域の「ブラック」さが明らかになったのです。

またSNSを使って、それらを告発することが可能になりました。その結果、ハラスメントを行った団体・企業・人物が世の中にさらされ、社会的な制裁を受けるようになりました。

ＳＮＳの登場によって、女性や低賃金の労働者など、これまでは弱い立場だった人たちが、基本的人権の尊重という憲法の主旨を実現するための「武器」を手に入れたと言えるのではないでしょうか。

今は社会がどんどん発展し、憲法がそれに対応できていない状態が生まれています。したがって、憲法に盛り込めていないものを追加していくことは、今後十分にありえるでしょう。

▼改正してはいけないものもある

憲法問題というと、改正するかどうかのほうに関心が傾いてしまいますが、他方で「改正してはいけないもの」もあります。

たとえば第九条第一項は、憲法学会では「改正不可」が定説です。

というのも、**憲法学では平和主義を否定するような改正はできないとされている**からです。

そこに関連して、**第十三条で規定されている個人の尊厳に関する原理も、改正はできない**とされています。現在、基本的人権は憲法によって手厚く守られているので、改正によって悪い方向に変えられないよう、「範囲外」となっているのです。

また、条文だけでなく、憲法改正の手続き自体を変えることもできません。

二〇一二年、故安倍晋三元内閣総理大臣は、憲法第九十六条の改正を打ち出しました。

憲法改正時の国民投票を行うために必要な国会議員の賛成の割合を、総議員の三分の二から過半数に変えようとしたのです。三分の二の賛成を必要とするのはハードルが高いので、過半数にして決めやすくしようとしたわけです。

これには、改憲賛成派も反対派もこぞって批判しました。決め方のルールに手を加えるのは、いくら何でもありえないという理由です。

慶應義塾大学の小林節名誉教授は、「九十六条改正は裏口入学。憲法の破壊だ」と指摘しました。

難関校に入学したいけれど、このままでは学力が足りない。だから、学校側に手をまわして合格規準点を下げてしまおう。そんな発想と同じだというわけです。

受験生が真面目に頑張っている公平な競争のルールを破るのですから、これはズル以外の何ものでもありません。何のために試験を行うのか、その意味すら不明瞭になってしまいます。

この案は、権力者側に都合が悪いからといって、憲法を変えようとする発想自体が間違っていると批判され、結局実現には至りませんでした。

◆なぜ憲法は「最高法規」と言えるのか？

憲法第十章では、**憲法が日本のあらゆる法律の中で、最も位の高いもの（最高法規）である**と述べています。

> 第九十八条（一部）　この憲法は、国の最高法規であつて、その条規に反する法律、命令、詔勅及び国務に関するその他の行為の全部又は一部は、その効力を有しない。

仮に、矛盾し合う法律がある場合、法律上は後にできたものが優先されます。しかし、憲法と法律の場合は、憲法が優先されます。

法律や命令、政府の行為などが憲法に矛盾していないかどうかは、最高裁判所で最終的に判断されます。この権限を「違憲立法審査権」と言います。

「憲法は、国民の権利を守るための最高法規ですよ、わかっていますよね」と、最後に念押しをして、国家権力、公権力というものをコントロールするのは国民であり、国のあり方を決める権限は国民にあるということを再確認しているのです。

コラム⑧

海外の憲法をのぞき見！ 国によって異なる、憲法改正手続き

憲法を改正するためには、日本では、国会の三分の二以上の賛成と、国民投票による過半数の賛成が必要になります。改正のしやすさで言えば、難しいほうに入りそうですが、他の国はどうでしょうか。

イギリスやニュージーランド、イスラエルなどは、憲法の改正は通常の法律の成立要件と同じです。イギリスだと、議員の過半数の賛成で改正となります。

このように、改正しやすい憲法は「軟性憲法」と言います。

アメリカやカナダなどの連邦制を採る国では、国家と州の両方の意思が重んじられます。たとえばアメリカでは、州議会の四分の三が承認するか、あるいは憲法会議で四分の三の州が賛成すれば改正できます。どちらを選ぶかは、連邦議会が決めるスタイルです。

国民投票を行う代わりに実施する解散総選挙を、実質的な国民投票とみなす国もあります。ベルギーでは、憲法改正を連邦議会が宣言した後に解散総選挙を行い、次の議会で議員の三分の二以上の賛成が得られれば、改正可能となります。

理解を深める！

✓あなたは日本国憲法の改正を望んでいるだろうか。それとも反対だろうか。自分の考えとその根拠をまとめてみよう。

✓日本国憲法は、もっと簡単に改正できるよう、改正の仕組みを変えたほうがよいだろうか。それとも、今のままでよいだろうか。どのような形がよいか、検討してみよう。

さらに学びたい人のための参考図書

◆憲法に楽しく触れたいなら　～一人で学ぶ～

▼塚田薫著、長峯信彦監修『日本国憲法を口語訳してみたら』幻冬舎　二〇一三年

おすすめポイント

憲法原文と、まるでライトノベルのような現代語訳が、見開きページで並べられている、若い世代向けの入門書です。憲法をサクッと学びたい方におすすめできます。

▼池上彰『池上彰の憲法入門』ちくまプリマー新書　二〇一三年

おすすめポイント

ニュース解説でおなじみ、池上彰さんが解説する日本国憲法の本です。やさしい語り口ですらすらと読めるでしょう。

▼木山泰嗣『もしも世界に法律がなかったら「六法」の超基本がわかる物語』日本実業出版社　二〇一九年

おすすめポイント

本書の十五ページでも、「もしも、憲法がなかったら」というテーマで、憲法のかけがえのなさをみなさんにご説明しました。こちらは小説仕立てで、法律（六法）のない if の世界を探検できる、これまでにないリーガル・ノベルです。

◆憲法に楽しく触れたいなら　～親子で学ぶ～

▼齋藤孝著、ヨシタケシンスケ絵『声に出して読みたい　小中学生にもわかる日本国憲法』岩崎書店　二〇一五年

おすすめポイント

声に出して読むことで、難しそうな憲法の条文も自分のものにすることができます。ヨシタケシンスケさんのイラストで和みます。入門編として親子で学べる一冊です。

▼南野森監修『10歳から読める・わかる　いちばんやさしい日本国憲法』東京書店　二〇一七年

おすすめポイント

子どもが楽しく学習できるよう、やさしい文章でとことん丁寧に解説した憲法本です。子どものみならず、大人もしっかり学ぶことができます。

◆学生気分で学び直したいなら

▼高木八尺・末延三次・宮沢俊義編『人権宣言集』岩波文庫　一九五七年

おすすめポイント

マグナ・カルタから始まり、現代の代表的な人権宣言が四十以上収められています。人権宣言の系譜が知りたいときなどに、お手に取ってみるとよいでしょう。

▼高見勝利編『あたらしい憲法のはなし 他二篇――付 英文対訳日本国憲法』岩波現代文庫　二〇一三年

おすすめポイント

収録されたうちの一つは、一九四七年五月三日、全国の家庭に二〇〇〇万部が配布された小冊子「新しい憲法　明るい生活」です。著者は、憲法普及会の会長である芦田均さん。「芦田修正」で知られる憲法学者です。大変わかりやすく丁寧に解説されていて、憲法発布時の純粋な精神が生き生きと伝わってきます。

▼『高等学校 改訂版 政治・経済』第一学習社　二〇一七年度改訂

『高校政治・経済　新訂版』実教出版　二〇一八年

『政治・経済』東京書籍　二〇一八年度改訂

おすすめポイント

憲法や政治の仕組みを一通り復習したいときは、高校の教科書に戻ってみるとよいでしょう。高校で使う、政治・経済の教科書であればどの出版社のものでも大丈夫です。基本に立ち返るなら、やはりどの教科・テーマにおいても、基本的なことを最も効率よく網羅できる「教科書」を手に取ることをおすすめします。

▼文部省『民主主義』角川ソフィア文庫　二〇一八年

おすすめポイント

現在の文部科学省が自ら発行した、民主主義について述べている教科書的な本です。主に中高生向けに書かれました。国自らがリーダーとなり、民主主義を日本に行き渡らせようと強い希望を持ってつくられています。

▼斎藤一久・堀口悟郎編『図録　日本国憲法（第2版）』弘文堂　二〇二一年

おすすめポイント

報道写真や各種データ、チャート図などが効果的に使われた資料集です。一見開きが一テーマの構成で、多すぎずかつ少なすぎない情報量が読み手の学びを助ける一冊です。

◆本格的に学びたいなら

▼清宮四郎著、樋口陽一編・解説『憲法と国家の理論』講談社学術文庫　二〇二一年

おすすめポイント

私が東大法学部時代に教わった、樋口陽一先生が解説している本です。非常に専門的な内容なので、憲法について学術的に学びたい方におすすめします。

▼早稲田経営出版編集部編『司法試験・予備試験 逐条テキスト１ 憲法』早稲田経営出版　二〇二二年

おすすめポイント

丁寧な解説による豊富な判例が掲載されています。法律の実際の運用を具体的に知りたい場合に役立ちます。

◆番外編：耳から学ぶ日本国憲法！

▼木山泰嗣ＣＤ監修、エイベックス・マーケティング、ヤング・スタッフ、中央経済社編『「聴く」日本国憲法』エイベックス・マーケティング　二〇一四年

おすすめポイント

元アナウンサーの小林麻耶さんによる朗読を通して、憲法に触れることのできる一冊です。小倉百人一首などと同じで、聴くつもりがなくても、読み上げられる音源をずっと流していたら自然と言葉が口をついて出てくるようになった……なんてことも起こりうるでしょうか。小学生でも理解できるレベルの憲法の現代語訳も併記されているため、親子の読み聞かせ本としてもご活用いただけることでしょう。

▼柴田元幸翻訳、木村草太監修『対訳 英語版でよむ日本の憲法』アルク 二〇二一年

おすすめポイント

日本国憲法の公式英訳を、翻訳者として著名な柴田元幸さんが翻訳しています。日本語から入るより、英文から読み下していったほうが、日本国憲法の意図をよく理解できるかもしれません。朗読音声がダウンロードでき、耳からも学習できます。

おわりに

本書を最後までお読みいただき、ありがとうございます。

私としては、東大法学部時代に学んだ憲法理論を改めて現代日本の実情に即して解釈する機会となり、楽しい仕事でした。


ここまで、日本国憲法の構成に沿って、様々なお話をしてきました。

みなさんが事前に抱いていた、日本国憲法に対するイメージは今、どう変わったでしょうか。

憲法の制定にかかわった人たちのことや、その経緯、また諸外国の憲法の特徴を知ったことで、憲法が事務的な条文の羅列ではない、人々の工夫と知恵によってつくられたものだと感じられたのではないでしょうか。


この先日本は、国の形をどうしていくか、真剣に検討する時期にさしかかっています。もうこれ以上、決定的なひずみが表れるまで時間稼ぎをしているわけにはいきません。

政府には、国の形を考えたときの物事の優先順位を慎重に検討し、はっきりした政策を出すことが求められます。

私たち個人も、自分の未来を明るいものにするために、公に対してどんなことができるのか、考えるときが訪れるでしょう。


幕末の時代、自分が正しいと信じることを損得なくやり遂げた武士の一人が、明治維新の精神的な指導者である吉田松陰です。

松陰は、日本の発展のために留学しようと決し、ペリー率いる黒船にひそかに乗り込もうとして失敗しました。

捕まって幕府に引き渡された松陰は、そのときこのような歌を詠みました。

かくすれば かくなるものと知りながら やむにやまれぬ 大和魂

こういうことをやればこうなることはわかっていた。わかっていたけれど、それでもやめられない、それが日本人の魂というものだ。

今の時代、吉田松陰のような行動が全てに通用するわけではありませんが、自分が公に対して「やむにやまれぬ」ことがあるとするなら、それはなんでしょうか。

本書がそれを考える一つのきっかけとなり、みなさんの学びを豊かなものにできれば幸いです。

二〇二三年一月

齋藤 孝

主要参考文献

福澤諭吉著、平沼赳夫監修、無窮會編『福沢諭吉の日本皇室論――現代語訳（原文総ルビ付き）』島津書房　二〇〇八年
福澤諭吉著、齋藤孝訳『現代語訳 学問のすすめ』ちくま新書　二〇〇九年
後藤光男『憲法［図解雑学］』ナツメ社　二〇〇四年
長谷部恭男解説『日本国憲法』岩波文庫　二〇一九年
穂積陳重『続法窓夜話』岩波文庫　一九八〇年
池上彰『池上彰の憲法入門』ちくまプリマー新書　二〇一三年
池上彰『超訳 日本国憲法』新潮新書　二〇一五年
清宮四郎著、樋口陽一編・解説『憲法と国家の理論』講談社学術文庫　二〇二一年
南野森監修『10歳から読める・わかる いちばんやさしい日本国憲法』東京書店　二〇一七年
文部省『民主主義』角川ソフィア文庫　二〇一八年
齋藤孝著、ヨシタケシンスケ絵『声に出して読みたい 小中学生にもわかる日本国憲法』岩崎書店　二〇一五年
齋藤孝訳『論語』ちくま文庫　二〇一六年
斎藤一久・堀口悟郎編『図録 日本国憲法（第2版）』弘文堂　二〇二一年
高木八尺・末延三次・宮沢俊義編『人権宣言集』岩波文庫　一九五七年
塚田薫著、長峯信彦監修『日本国憲法を口語訳してみたら』幻冬舎　二〇一三年
高見勝利編『あたらしい憲法のはなし 他二篇――付 英文対訳日本国憲法』岩波現代文庫　二〇一三年
早稲田経営出版編集部編『司法試験・予備試験 逐条テキスト 1 憲法』早稲田経営出版　二〇二二年

※この他、コラム部分で言及されている海外の憲法については、国立国会図書館所蔵の各国憲法の日本語訳資料を参考としています。また、各資料原文へのルビ振りや太字は編集部によるものです。

※本書における「リーガルチェック」の定義は、「本書が一般向けの読み物であることを前提に、著者の考え方を最大限尊重しながら、法的に見て明らかな誤用等がないかという観点からチェックしたものである」とします。

著者略歴

齋藤 孝（さいとう・たかし）

1960年、静岡県生まれ。明治大学文学部教授。東京大学法学部卒業後、同大学院教育学研究科博士課程等を経て、現職。専門は教育学、身体論、コミュニケーション論。『身体感覚を取り戻す』（NHK出版）で新潮学芸賞。日本語ブームをつくった『声に出して読みたい日本語』（草思社）で毎日出版文化賞特別賞。他の著書に、小社刊『大人の語彙力ノート』『読書する人だけがたどり着ける場所』『書ける人だけが手にするもの』『20歳の自分に伝えたい 知的生活のすゝめ』など多数。NHK Eテレ「にほんごであそぼ」総合指導。

SB新書　608

20歳《さい》の自分《じぶん》に教《おし》えたい日本国憲法《にほんこくけんぽう》の教室《きょうしつ》

2023年 2月15日　初版第1刷発行

著　者　齋藤《さいとう》 孝《たかし》

発行者　小川 淳

発行所　SBクリエイティブ株式会社
〒106-0032　東京都港区六本木2-4-5
電話：03-5549-1201（営業部）

装　幀　杉山健太郎

装　画　羽賀翔一／コルク

本文デザイン DTP　株式会社ローヤル企画

編集協力　甲斐ゆかり（サード・アイ）

リーガルチェック　木山泰嗣・山田重則

校　正　株式会社ヴェリタ

編集担当　大澤桃乃（SBクリエイティブ）

印刷・製本　大日本印刷株式会社

本書をお読みになったご意見・ご感想を下記URL、
または左記QRコードよりお寄せください。

https://isbn2.sbcr.jp/17844/

落丁本、乱丁本は小社営業部にてお取り替えいたします。定価はカバーに記載されております。本書の内容に関するご質問等は、小社学芸書籍編集部まで必ず書面にてご連絡いただきますようお願いいたします。

ISBN 978-4-8156-1784-4